中小学教师国学常识

林玉山 ◎ 编著

海峡出版发行集团
THE STRAITS PUBLISHING & DISTRIBUTING GROUP
福建教育出版社

图书在版编目（CIP）数据

中小学教师国学常识/林玉山编著. 一福州：福
建教育出版社，2023.12
ISBN 978-7-5334-9787-3

Ⅰ.①中… Ⅱ.①林… Ⅲ.①国学－中小学－教学参
考资料 Ⅳ.①G633.303

中国国家版本馆 CIP 数据核字（2023）第 218911 号

Zhongxiaoxue Jiaoshi Guoxue Changshi

中小学教师国学常识

林玉山　编著

出版发行　福建教育出版社
　　　　　　（福州市梦山路 27 号　邮编：350025　网址：www.fep.com.cn
　　　　　　编辑部电话：0591-83779615　83726908
　　　　　　发行部电话：0591-83721876　87115073　010-62024258）
出 版 人　江金辉
印　　刷　福建新华联合印务集团有限公司
　　　　　　（福州市晋安区福兴大道 42 号　邮编：350014）
开　　本　890 毫米×1240 毫米　1/32
印　　张　6
字　　数　114 千字
版　　次　2023 年 12 月第 1 版　2023 年 12 月第 1 次印刷
书　　号　ISBN 978-7-5334-9787-3
定　　价　25.00 元

如发现本书印装质量问题，请向本社出版科（电话：0591-83726019）调换。

序　言

近 20 年来，"国学"成了热门词汇，上到学者，下到妇孺，对此热情不减，形成学习、研究"国学"的热潮。自从 2005 年人民大学建立国内第一个国学院以来，清华大学、北京大学、厦门大学等高校也都很快地建立了自己的国学院。在民间，各类国学班、国学讲座也方兴未艾。福建省闽侯县上街镇党委和政府也办起了公益国学班，由我主其事。

我组织我的博士生、福建省工程学院的学生和六桥林氏文化研究会的退休中学教师，来当教师，由我编纂国学常识教材，进行教学。

感谢福建教育出版社成知辛编审，得知我编写有国学常识读本，为弘扬中华优秀传统文化，提携我将此读本予以正式出版，以更好地通过中小学教师，向中小学生普及国学知识。这是非常有意义的事情。国学是我们中华民族的根基，是我们 14 亿人赖以生存的精神的家园。了解国学的基本知识，才能做到习总书记所教导我们的那样，要有文化自信。我们中华民族，5000 年来不论经受怎样的狂风暴雨，始终屹立于东方，正是有

1

这个代表中华优秀传统文化的国学。我们要认真学习国学，传承国学，使我们的根基扎得更牢，使中华民族更加繁荣昌盛。

我的国学读本是非常粗糙的，感谢福建教育出版社的李惠芬、成知辛、孙汉生诸位编审的加工琢磨，使之能予以面世。但由于我知识浅薄，书中必有不尽意之处，恭请方家和读者指教。

林玉山

2023 年 8 月 31 日

目　录

第一讲　国学及其分类

中国传统文化博大精深，包罗万象。国学是纵贯中华五千年历史与文化的精粹，它会通思想学术、典籍制度、百行百艺、礼仪民俗，是中国人的根基所在、尊严所依。国学之用，重在丰富、淬炼和提升人的精神境界，培养人的道德情操，增长人生智慧，增强民族自豪感和凝聚力。

一、什么是国学

国学是中国传统学术及其研究的学问，是中华传统文化的精华。它沉淀于历史的长河，而又升华于现代社会，既是延续传统的纽带，又是开创未来的阶梯。它既依存于经典之内的知识及其体系，又蕴涵着为人处世、齐家治国的世界观、人生观、价值观。因此，是否认同"国学"、重视"国学"，并不是一件可有可无的小事，而是一个关系到能否传承中国文明，实现中国人的文化自觉、文化认同和文化归属的重要问题。

国学与西学是相对的。西学，是泛指西洋的学术。1840 年

1

鸦片战争后，由于中西方文化的交流，西方学术输入中国，从此就有了"国学""西学"的名称。晚清之际，张之洞主张"中学为体，西学为用"，这里所说的"中学"，就是"国学"。

中国学术涵盖古今，包罗万象。举凡中国的一切学问，无论经学、子学、史学、文学、语言学等著述，均列在中国学术的范围中，可谓体大而思精，湛深而博大，凝聚了先民生活的经验和民族特有的智慧，散发出东方文化特有的光彩。

国学又称国故、国粹等，又有人称之为汉学。章太炎曾撰《国故论衡》《国学略说》等书，以阐扬中华固有文化，弘扬中国学术精粹。他在书中，提到"国故""国粹""国学"等名词。现代人采用"国学"一词，而"国粹""国故"等词，则渐渐被人遗忘。

近年来，西方学者对中国学术的研究非常普遍，他们称中国学术为"汉学"。中国人称本国传统学术为"国学"，西方人称中国的学术为"汉学"，已被世人肯定而接纳。

一般而言，国学有狭义和广义之分。

狭义的国学，是指两汉时期的经学学术。汉代人研究经学着重于名物、训诂，后世因称研究经、史、名物、训诂、考据之学为汉学；但海外所指汉学，或者又可理解为汉民族之学，即对中国的研究，尤特指关于对中国的语言文化、文学、历史和风俗习惯的研究。

广义的国学，是把百家之说统统收于国学囊中。五术、六艺、诸子百家之说，都统称为"国学"。其中除了佛教是外来宗教，其它皆诞生于中华本土。国学因此又被称为"中国学"。

总之，国学是以先秦经典及诸子学为根基，涵盖了两汉经学、魏晋玄学、隋唐佛学、宋明理学和同时期的汉赋、六朝骈文、唐宋诗词、元曲与明清小说并历代史学等一套特有而完整的思想文化体系，构成了恢宏的经、史、子、集四部。

国学的宗旨，乃是"为天地立心，为生民立命，为往圣继绝学，为万世开太平"，国学应包括诸子百家、六艺、五术之说。其中诸子百家包括"儒、释、道、刑、名、法、墨"等各家，乃是"为天地立心"之学。六艺包括"礼、乐、射、御、书、数"。在古代，"六艺"中"礼、乐、射、御"，称为"大艺"，是贵族从政必具之术，贵族子弟在太学阶段要深入学习；"书"与"数"称为"小艺"，乃是民生日用所需术，是古代"小学"阶段的必修课。五术乃是"为往圣继绝学""究天人之际"关系的学问，包括"山、医、卜、命、相"等。

1901年，梁启超在《中国史叙论》中提到"国粹"一词。1902年秋，梁启超写信给黄遵宪提议创办《国学报》，"以保国粹为主义"，使用了"国学"一词。几个月后，梁启超又撰《论中国学术思想变迁之大势》，多次提及"国学"。章太炎则于1906年9月在东京发起国学讲习会，不久又在此基础上成立了国学振起社，其"广告"云：本社为振起国学、发扬国光而设，间月发行讲义。全年六册，其内容共分六种：（一）诸子学；

（二）文史学；（三）制度学；（四）内典学；（五）宋明理学；
（六）中国历史。

章太炎在其《国学概论》中称：国学之本体是经史非神话，
是经典诸子非宗教，是历史非小说传奇；治国学之方法为辨书
记的真伪、通小学、明地理、知古今人情的变迁及辨文学应用。

吴宓认为，兹所谓国学者，乃指中国学术文化之全体而言。

胡适认为，中国的一切过去的历史文化，都是我们的国故；
研究这一切过去的历史文化的学问，就是国故学，省称为国学。
由于胡适当年在学术界的地位极高，所以他的观点影响范围
最广。

国学兴起于 20 世纪初，而大盛于 20 年代，80 年代又有
"寻根"热，90 年代"国学"热再次掀起遂至今，无不是今人对
于传统文化反思与正视的结果，于今而言，正是对传统文化在
今日中国乃至世界多元文化中的重新定位。

二、国学的分类

清乾隆年间，姚鼐将中国学问分为义理之学、考据之学、
辞章之学。同治年间，曾国藩主张增添经世之学。曾国藩认为：
有义理之学，有辞章之学，有经济之学，有考据之学。义理之
学，即宋元所谓道学也，在孔门为德行之科。辞章之学，在孔
门为言语之科。经济之学，在孔门为政事之科。考据之学，即

今世所谓汉学也，在孔门为文学之科。此四者缺一不可。

中国人把学术分为四大类，其实每一大类之中，又包含了一些小的类别，其范围仍然广阔，具体如下：

义理之学：包括经学、子学、玄学、佛学、理学、现代哲学等。

考据之学：包括语言学、文字学、声韵学、训诂学、目录学、校勘学、考古学、金石学、敦煌学等。

经世之学：包括天文学、地理学、历算学、博物学、医学、兵学、政学，以及今日的自然科学。

辞章之学：包括文章学、文法学、修辞学、诗学、词学、散曲、戏剧学、小说学、俗文学、文学批评，甚至可扩展为文学和艺术。

对国学的分类，往往也因时代不同、社会需要而不断地向外扩大；同时学术的领域也日益拓展，学术的分类日益精细，有系统的新科目也不断增多，我们研究学术的视野，也在无形中日益开阔。

如今，国外研究中国学术的汉学家日益增多。大部分西方学者对中国的学术只能窥其一而不能见其全貌，以为汉学的范围只是研究中国历史、语言，或研究禅学、道家与道教之学，或研究敦煌学、吐鲁番学等，以上这些便被视为汉学的全部了。而有些国内学者以为研究国学，只是研究十三经、二十四史、先秦诸子、《昭明文选》《文心雕龙》《说文解字》《广韵》《尔雅》等一些古籍，其实，中国国学涵盖的范围极广，只要能穷究其理，或成专家，或成通儒，都有益于中国学术的扩大与文化的弘扬。

中国典籍数量浩瀚，虽然大部分经过前人的整理分类，但对于一般读者仍然有着阅读上的障碍，不知如何着手。我们试图给中国学术的范围和源流勾勒出一个大致的轮廓，使喜爱国学的年轻人也能继往圣绝学，薪火相传。国学的精华，大半记录在历代典籍之中，在此罗列历代典籍的分类，有助于了解国学的分类，以便于寻找所需的图书。现将历代国学典籍的分类，简单介绍如下。

1. 西汉刘歆《七略》七分法。《汉书·艺文志》记载，汉成帝时，图书散佚，陈农奏请皇上派人寻求天下遗书。成帝诏令刘向校订经传、诸子、诗赋等书。刘向死后，哀帝再令其子刘歆继承父业，完成《七略》一书。《七略》便成为我国最早的一部图书目录的书籍。《汉书·艺文志》图书的分类，便是依照《七略》七分法的分类。其七分法如下。

辑略：相当于图书总目。

六艺略：包括《易》《书》《诗》《礼》《乐》《春秋》《论语》《孝经》、小学等类的书。

诸子略：包括儒、道、阴阳、法、名、墨、纵横、杂、农、小说等各家的著作。

诗赋略：包括屈原等赋、陆贾等赋、孙卿等赋、杂赋、歌诗等。

兵书略：包括兵权谋、兵形势、兵阴阳、兵技巧等类的书。

数术略：包括历谱、五行、蓍龟、杂占、形法等类的书。

方技略：包括医经、经方、房中、神仙等类的书。

2. 西晋荀勖《中经新簿》四分法。三国魏郑默编《中经》，西晋时荀勖加以整理，是为《中经新簿》，其中将图书分为以下四类。

甲部：包括六艺及小学的书。

乙部：包括古代诸子、近代诸子、兵家、数术家的书。

丙部：包括史记、旧事、皇览簿、杂事等书。

丁部：包括诗赋、图赞、汲冢书。

3. 南朝齐王俭《七志》七分法。王俭的《七志》，沿刘歆的《七略》而有所增减，合六艺、小学、史记、杂传为经典志，并增图谱佛道的书为图谱志。其七分法如下：

经典志：包括六艺、小学、史记、杂传的书。

诸子志：包括古今诸子的书。

文翰志：包括诗赋的书。

军书志：包括兵书。

阴阳志：包括阴阳图纬的书。

术艺志：包括方技的书。

图谱志：包括地域、图谱、佛书和道书。

4.《隋书·经籍志》四分法。《隋书·经籍志》是依荀勖

《中经新簿》的图书分类而来，但其分类，不用甲、乙、丙、丁部，而改为经、史、子、集。其后四部的分法，大致以此为准，其四分法如下：

经：包括《易》《书》《诗》《礼》《乐》《春秋》《孝经》《语》、图纬、小学等书。

史：包括正史、杂史、霸史、起居注、旧事、职官、仪注、刑法、杂传、地志、谱系、簿录等类的书。

子：包括儒、道、法、名、墨、纵横、杂、农、小说、兵、天文、历数、五行、医方的书。

集：包括《楚辞》、别集、总集、道经、佛经的书。

5. 清代《四库全书》四分法。1772 年，乾隆皇帝设馆编修《四库全书》，历 10 年完成。《四库全书》是中国古代最大的丛书，由当时的纪晓岚、王念孙、戴震等一流学者完成。"四库"指经、史、子、集四部，"全书"指所收都是全本。

《四库全书》收录图书 3462 种，共 79 338 卷，全书分抄 7 部，分别收藏于清宫的文渊阁、奉天行宫的文溯阁、圆明园的文源阁、热河承德行宫的文津阁、扬州的文汇阁、镇江的文宗阁及杭州的文澜阁。咸丰时，英法联军入北京，火烧圆明园，文源阁被焚毁；洪杨事起，文宗阁、文汇阁相继被毁，今存文渊、文溯、文澜、文津四部。文渊阁为正文，现存中国台北"故宫博物院"，今有台湾商务印书馆的影印本，其余存放大陆。其四分法如下：

经部：分为易类、书类、诗类、礼类、春秋类、孝经类、群经总义类、四书类、乐类、小学类、石经类、汇编类，主要是儒家经典和注释研究儒家经典的名著。其中儒学十三经即《周易》《尚书》《周礼》《礼记》《仪礼》《诗经》《春秋左传》《春秋公羊传》《春秋穀梁传》《论语》《孝经》《尔雅》《孟子》。

史部：分为正史类、编年类、纪事本末类、别史类、杂史类、诏令奏议类、传记类、史抄类、载记类、时令类、地理类、职官类、政书类、目录类、史评类、汇编类。重要书目有《史记》《汉书》《后汉书》《三国志》《资治通鉴》《战国策》《宋元明史纪事本末》等。

子部：分为儒家类、兵家类、法家类、农家类、医家类、天文算法类、术数类、艺术类、谱录类、杂家类、类书类、丛书类、汇编类、小说家类、释家类、道家类、耶教类、回教类、西学格致类。重要书目有《老子》《墨子》《庄子》《荀子》《韩非子》《管子》《尹文子》《慎子》《公孙龙子》《淮南子》《抱朴子》《列子》《孙子》《山海经》《艺文类聚》《金刚经》《四十二章经》等。

集部：分为楚辞类、别集类、总集类、词曲类、闺阁类。重要书目有《楚辞》《全唐诗》《全宋词》《乐府诗集》《文选》《李太白集》《杜工部集》《韩昌黎集》《柳河东集》《白香山集》等。

从国学分类的演变可以看出，七分法和四分法两大类最为广泛。七分法有《七略》和《七志》的分类，四分法有《中经新簿》《隋书·经籍志》《四库全书》的分类，甚至清代尚有义理、考据、辞章、经世新四分法。至今，《四库全书》的分类，或曾国藩的新分类，尤为人们所沿用。

第二讲　学国学的方法

一、学习是人的生命之源

1. 要活命必须学习

人从母亲怀里诞生下来就有了生命。要使生命延续，必须有食粮，一种是物质食粮，像水、米、奶、蛋之类，一种是精神食粮，那就是知识技能。有了知识技能，才能认识外部的世界，适应和改造外部世界，创造物质食粮，提高自己的素养，和谐地生活在人类社会中，从而延续生命，繁衍后代，使人不断存续、发展下去。

2. 取得知识技能必须学习

自然界是广泛的，多元的，人类社会是久远的，复杂的。人类在与自然和社会的相处中积累了丰富的知识和技能。这些知识和技能是通过文字、图像记录下来的，有些失传的知识和技能，通过古书得以保存。因此，我们必须有文化，要会读书写字，才有学习这些知识、技能的基础。人类文明才得以传承，

11

人类进步才得以实现。学习对于个人修养的提升，社会的发展和文化的传承是至关重要的。

3. 读书旨趣

读书有不同的目的，或为立身而广泛阅读，或为拓展思维而补充阅读，或为迎合兴趣而有选择地阅读，到底应该读哪些书呢？

一是必须读的书，主要是与本职工作、专业相关等一些基本用书。

二是应该读的书，即扩充能力、提高修养的书，进行延伸性阅读。

三是感兴趣的书。在完成前两种阅读的基础上，可以根据自己的兴趣爱好选择一些书来读。根据自己的兴趣读书，持之以恒，不知不觉就能成为这方面的专家。

二、如何学习

1. 要有目录学知识

（1）什么叫目录学

目录学是指研究书目的编制，使之在科学文化专业中有效地发挥作用的学问。离现在两千多年的汉代刘向的《别录》20卷和他儿子刘歆在《别录》基础上加以增删而编成的《七略》，奠定了我国目录学的基础。后来体系逐渐完备，我国古代规模最大最全的目录书是《四库全书总目提要》和《四库全书简明目录》。根据目录我们可以从中选择一定的书目作为我们学习和研究所要读的书。我们要学习一门课程，首先要知道其整体思路是什么，需要明确其结构体系。

（2）国学目录学

国学目录学，就是学习国学所要读的书。在以后各讲中都会陆续介绍，这里不再赘述。

2. 要有考据学知识

考据学是中国古人的一种治学方法，其主要工作是对古籍进行校勘、辨伪、辑佚、注疏、考订史实等。考据学发端于明末清初，大盛于清乾嘉时期，构成了整个清代学术的主体。其代表人物有惠栋、戴震、段玉裁、王引之、王念孙等。考据学增强了古代文献的真实性，其注释也对后人阅读那些晦涩深奥的典籍起到了极大作用，至今其研究成果与方法都为学者所广泛运用和借鉴。有了考据学知识，我们才能很好地辨书、择书、读书、研书。

3. 读书要领

张之洞在《书目答问·略例》中说："读书不知要领，劳而无功。"读书要能学以致用，就要懂得读书的要领。

（1）要有独立的精神

明末清初的张履祥在《澉湖塾约》中说："洗心静气，以求其解。毋执己见，以违古训。毋傍旧说，以昧新知。"洗心静气就是要把心里面的杂念、污念和成见都摒弃掉，做到心思纯净，专心专意，才能把书中的道理切实地体悟明白。毋执己见就是不要自己望文生义，要认真思考，读懂弄清先人的看法。毋傍旧说，就是在弄懂先人的观点之后，要试着提出自己的见解，读书要能自立，要敢于创新、开拓，前代人的结论不能成为新一代人固守的命题，历史在前进，我们读书做学问的使命就是竭尽全力推动人类认知的不断发展。

创新是求学的生命，学习必须创新。毛泽东思想是在学习马克思列宁主义中的创新，邓小平理论、"三个代表"重要思想、科学发展观就是在学习毛泽东思想中的创新。习近平新时代中国特色社会主义思想又是在上述理论基础上的伟大创新，是马克思主义中国化的最新成果，是中国传统文化的时代精华。光学习，不创新，事物就不能发展，事业就会停滞，社会也不会进步。我们要善于在学习前人和时贤经验中创新。

（2）要有勤奋认真的精神

知识犹如广袤的海洋，要做个有知识的人，需要读很多的书，这就要求读书要广博，要有勤奋的精神，坚持翻阅大量书籍，不能懈怠。马克思在《资本论》法文版序中说："在科学上没有平坦的大道，只有不畏劳苦沿着陡峭山路攀登的人，才有希望到达光辉的顶点。"在大英博物馆里，马克思经常读书的阅览室水泥地板上，都磨出深深的足迹。光 1861 年到 1863 年，马克思先后写出手稿 23 个笔记本，篇幅约有 20 个印张，这里

面相当大的一部分就是《资本论》的初稿。马克思一生中为
《资本论》工作整整 40 年，而且是在贫困、流浪中进行的。

习近平总书记的勤奋跟随他一生。他 15 岁从北京到陕北当
知青时，就带着两箱沉沉的书。白天工作那么累，但晚上还在
煤油灯下苦读到半夜。他工作异常繁忙，但仍不忘读书，他说：
"现在，我经常能做到的是读书，读书已成了我的一种生活方
式。"他还说："读书可以让人保持思想能力，让人得到智慧启
发，让人滋养浩然之气。"

习近平总书记读书面非常广，光在他的著作中曾读过并引
用的书籍就有中国古典著作《论语》《孟子》《墨子》《老子》
《左传》《管子》《新语》《尉缭子》《法训》《尚书》《战国策》
《礼记》《国语》《易经》《荀子》《庄子》《吕氏春秋》《三字经》
《论衡》《潜夫论》《韩非子》《抱朴子》《申鉴》《淮南子》《忠
经》《晏子春秋》《呻吟语》《孔子家语》《商君书》《说苑》《官
箴》《寤言》《盐铁论》《思问录》《朱子语类》《格言联璧》《史
记》《汉书》《三国志》《晋书》《魏书》《唐书》《宋史》《资治通
鉴》《诗经》《楚辞》《文赋》《古诗源》《文心雕龙》《世说新语》
《物理论》《诗品》《续诗品》《贞观政要》《三松堂全集》《宋人
轶事汇编》《三言》《尊生八笺》《西游记》《红楼梦》等；还有
历代名人诸葛亮、贾谊、枚乘、庾信、陶渊明、陈叔宝、欧阳
修、李白、贾岛、王勃、杜甫、李绅、范仲淹、晏殊、柳永、
王安石、岳飞、柳宗元、陈亮、张载、赵湘、程颐、苏洵、辛

弃疾、杨万里、蔡沈、叶适、元好问、魏源、郑燮、庄元臣、张伯行、张之洞、郑板桥、龚自珍、顾炎武、梁启超、费孝通、方志敏、鲁迅、沈从文、路遥、柳青等的诗文。

他还精读了《毛泽东选集》《毛泽东文集》《毛泽东传》《邓小平文选》《邓小平思想年编》《江泽民文选》《资本论》《自然辩证法》《共产党宣言》《路易·波拿巴的雾月十八日》等马列著作；还精读过柏拉图的《理想国》、亚里士多德的《政治学》、托马斯·莫尔的《乌托邦》、康帕内拉的《太阳城》、洛克的《政府论》、孟德斯鸠的《论法的精神》、卢梭的《社会契约论》、汉密尔顿等人的《联邦党人文集》、黑格尔的《法哲学原理》、克劳塞维茨的《战争论》、亚当·斯密的《国民财富的性质和原因的研究》、马尔萨斯的《人口原理》、凯恩斯的《就业、利息和货币通论》、约瑟夫·熊彼特的《经济发展理论》、萨缪尔森的《经济学》、弗里德曼的《资本主义与自由》、西蒙·库兹涅茨的《各国的经济增长》、牛顿的《自然哲学的数学原理》、达尔文的《物种起源》等社科经典著作。

他还广泛阅读各国文艺作品，如美国华盛顿、林肯、罗斯福的传记；美国梭罗、惠特曼、马克·吐温、杰克·伦敦、海明威等作家的作品；印度泰戈尔的《吉檀迦利》《飞鸟集》《园丁集》《新月集》等；俄罗斯克雷洛夫、普希金、果戈理、莱蒙托夫、屠格涅夫、陀思妥耶夫斯基、涅科拉索夫、车尔尼雪夫斯基、列夫·托尔斯泰、契诃夫、肖洛霍夫等作家的作品；英

国莎士比亚的《仲夏夜之梦》《威尼斯商人》《第十二夜》《罗密
欧与朱丽叶》《哈姆雷特》《奥赛罗》《李尔王》《麦克白》、狄更
斯的《双城记》等；法国雨果的《悲惨世界》、拉伯雷的《巨人
传》等优秀著作；意大利但丁的《神曲》、薄伽丘的《十日谈》
等。勤是求学的根基。不勤奋，什么事情也办不成。

　　读书还要有认真的精神。明清之际的文学家傅山说："读书
勿急，凡一义一字不知者，问人检籍。不可一'且'字放在胸
中。"（《霜红龛集》，山西人民出版社，1985年，第689页）对
于那些不认识的字，不能理解的词语一定不要蒙混过去，要问
人，要动手查检出来。做学问，不能放过任何一点疑问，要立
刻动手去查，查检的过程也就是知识积累的过程。

　　读书要勤动手，读书时，遇到特别重要的或自己特别喜欢
的篇章、段落、句子，就要抄录下来，将这些精致而深刻的名
句、名段、名篇熟读成诵，日积月累，就学识丰富、卓然自
立了。

　　（3）要有挤劲

　　书籍浩如烟海，而人生有涯。时间对于求学的人来说，非
常有限而宝贵，要爱惜寸阴，抓紧寸阴来学习。这就需要挤劲，
时间是挤出来的。

　　挤时间，必须有动力，这个动力就是要有目标。一生有一
生的目标，五年有五年的目标，一年有一年的目标，一个月有
一个月的目标，一个星期有一个星期的目标，一天有一天的目

标，上午、下午有上午、下午的目标。时间是有限的，时间又是无限的，就看你挤不挤、善于不善于挤。

（4）善思好问

从读书到做学问，最重要的一个环节就是在读书中要善于思考，要养成合卷深思的习惯，读完一章节，读完一本书，能够思考书中的旨意，能够判断出其论点、学说、学理、学术的得失，试着进行概括，写出书的提要。

善思必然要好问，刘开说："问与学，相辅而行者也，非学无以质疑，非问无以广识，好学而不勤问，非真能好学者也。"（清·刘开《刘孟涂集》卷二。顾廷龙主编：《续修四库全书》，上海古籍出版社，1995－2002年，第330页）我们讲的学问，就是又"学"又"问"，就是"学"与"问"的结合，二者相辅相成才能广学。问要善问，要深思熟虑之后才会发现问题，才能做出有见识的质疑，才能对书中的朦胧处、不切实处发问。深思产生深疑，有了疑问，就大量地查阅资料，或请教老师和高明之士，帮自己点透最后一层隔膜，人的学养和见识就能豁然开朗，更上一层楼。

（5）知行合一

朱熹《答陈师德书》中说："读书之法，要当循序而有常，致一而不懈。从容乎句读文义之间，而体验乎操存践履之实，然后心静理明，渐见意味。不然，则虽广求博取，日诵五车，亦奚益于学哉?"这就是说，读书要知行合一，要先把一本书读透，彻底悟透书中的义理、旨趣，把领会的道理用到实践中去，经过不断思考，由读书而悟至理，能将书中的妙言要旨进行体悟、实践、运用，这才是将读书读到精微处了。

宋儒杨时说："以身体之，以心验之，从容默会于幽闲静一之中，而超然自得于书言象意之表。"（《杨时集》卷十二，福建人民出版社，1993年，第318页）要涵泳书中的意味，一是要能够心领神会，二是要能够身体力行，人才从来都是经过大浪淘沙不断淘汰之后剩下的坚持者，读书一定要和力行相结合。

读书的最高境界，是得意忘言，深味其理，不能只停留在言语文词的表面，要理解文词之外的意义。能在言辞之外领悟作者的志向，欣赏傲然之情，追求博大之心，仰慕高尚之志，这才是读书做学问的根本。书中蕴含的对于人生修养的指导，对于世事的深切体察，都要做到涵泳之，熟思之，切行之。

（6）持之以恒的决心

恒就是要有恒心，要持之以恒，必须有远大的目标和坚忍的意志，不怕困难，不怕吃苦。很多人求学，一碰到困难，就打退堂鼓。或者有冷热病，有时热情高涨，通宵达旦看书写作；有时情绪低落，游手好闲。三天打鱼两天晒网，是做不成学问的。求学是很苦的事情，看书、记笔记、思考、写作，都不是很轻松的事情，一定要有恒心才能坚持下去。

（7）虚心的态度

虚心就是不能自高自大，骄傲自满。虚心的表现，就是不但要善于向专家学者学习，还要向自己的下级、同事、学生学习，这是非常重要的。

　　虚心还要不自满，不论自己取得多大成绩，也从不满足。要不断地从一个高点迈向另一个高点。不要以为到了一个高点，就革命到底了，事业成功了，求学无尽头呀！

第三讲　经部常识

一、什么叫经学

经，《说文解字》说："经，织也。从丝。"段玉裁《说文解字注》载：织从丝谓之经，必先有经，而后有纬。是故三纲五常六艺，谓之天地常经。儒家最早的《易》《书》《诗》《礼》《春秋》等书，因为一些儒者认为这些书是记载天道人事常理的书，所以称之为经书。研究经书的学问，叫经学。

二、六经、五经、十三经

1. 六经

最早提出"六经"的是我国战国时的庄子。他说："《诗》以道志，《书》以道事，《礼》以道行，《乐》以道和，《易》以道阴阳，《春秋》以道名分。"（《庄子·天下》）"六经"是两周之际形成的最具代表性的文献，是周人以及前人生活经验和人生智慧的总结。《诗经》来自对两周祭祀先祖、礼仪活动、日常生活的乐曲及民歌的收集整理，《尚书》是夏、商、周三代政治活动行政经验和历史传统的文献积累，《礼记》是周代重要礼仪活动的程序性记录，《乐经》是周代音乐理念和创作实践的记载，《周易》是来自传说时期伏羲到商周时期生活经验的积累，《春秋》是春秋鲁国史官对各国历史史实的记录。

2. 五经

六经中的《乐经》亡于秦始皇焚书，也有人认为《乐经》本无书，只是《诗经》的乐谱，没有被专门书写下来，所以只有五经，即《诗》《书》《易》《礼》《春秋》。

3. 十三经

经书不断增益，六经加《论语》，成七经（《后汉书·张纯传》）。唐玄宗开元八年（720），国子司业李元璀奏定以《易》、《书》、《诗》、三礼、三传为九经而取士。

到宋代又有"十三经"之说，南宋光宗绍熙年间（1190－1194）已有《十三经注疏》的合刊本，成为经部的一部丛书，其内容有：《易经》《尚书》《诗经》《周礼》《仪礼》《礼记》《春秋左传》《春秋公羊传》《春秋穀梁传》《论语》《孝经》《尔雅》《孟子》。

此外还有"二十一经"之说。这是清代段玉裁在"十三经"上加《大戴礼记》《国语》《史记》《汉书》《资治通鉴》《说文解字》《周髀算经》《九章算术》而为"二十一经"。

而经学一般指十三经。下面一一介绍。

三、群经之首：《周易》

1. 性质

《周易》是流传至今最古老的一部占筮书，用阴阳的对立统一对天、地、人进行说明，并推知过去，预见未来，在不同条件下阐述事物的绝对性，肯定事物的相对性。

2. 作者

有人认为《周易》是伏羲、文王、周公三人合著，大多数学者认为《周易》是西周末年"卜筮之官"根据旧卜辞编撰而成。《周易》为长时期多人传承而作，我们暂定作者为周公等。

3. 内容

《周易》传下来，另两种《易》即《连山易》和《归藏易》都失传了。"易"有三义：①简易：《周易》用阴阳和六十四卦来象征宇宙的万事万物，探究其中的基本规律。②不易：就是永恒不变的道理。《周易》讲了很多永恒不变的道理，如天地乾坤的结构，宇宙的变化。③变易：宇宙万物永远变动不居，世界上一切都在变化之中。《周易》有八卦，八卦两两相重，构成了六十四卦，每卦有六爻，六十四卦，一共有三百八十四爻。每卦都有卦辞，用以解释一卦的含义。每一爻有爻辞，用以解释一爻的含义。十翼爻辞是与《周易》并传的研究、解释、发挥《周易》的十篇文章：《彖上传》《彖下传》《象上传》《象下传》《文言》《系辞上传》《系辞下传》《说卦传》《序卦传》《杂卦传》。

4. 价值

（1）《周易》是群经之首，中国哲学的源头，可以推测宇宙自然的变化，推知社会人事的治乱兴衰，对于人生境遇好坏、事功成败、吉祥凶险都有深刻的启发价值。孔子说："五十以学《易》，可以无大过矣。"

（2）《周易》是研究古代历史的必备之书。《周易》里面记载了很多古代的历史事实，都是迄今在其他史书中所未见的。

（3）《周易》是研究古代文学诗歌必备之书，因为里面记有很多古代的诗词谣谚。

（4）《周易》的思想贯通中国古代科学、文化、艺术及诸子百家学说，中国的天文、历法、算术都深受《周易》的影响。

5. 名句

（1）天行健，君子以自强不息。（《周易·乾卦》）

（2）积善之家，必有余庆；积不善之家，必有余殃。（《周易·坤卦》）

（3）君子以俭德辟难，不可荣以禄。（《周易·否卦》）

（4）无妄之药，不可试也。（《周易·无妄卦》）

（5）见善则迁，有过则改。（《周易·益卦》）

（6）节以制度（通过制度来节制自己），不伤财，不害民。（《周

易·节卦》）

（7）君子以思患（祸患）而预防之。（《周易·既济卦》）

（8）二人同心，其利断金；同心之言，其臭（气味）如兰。
（《周易·系辞上》）

（9）君子安而不忘危，存而不忘亡，治而不忘乱。（《周
易·系辞下》）

四、最早的史书：《尚书》

1. 性质

《尚书》是中国古代的一部历史文献汇编，是我国古代史学
的发轫之作。

2. 作者

相传为孔子整理、选编，共 100 篇，一说 120 篇。后经秦
代焚书，损失很大，西汉初存 28 篇。

3. 内容

记载了虞、夏、商、周四朝君王的文告以及君臣谈话的内
容。该书写作目的：其一在明仁君治民之道，其二在明贤臣事
君之道。最引人注目的思想倾向，是以天命观念解释历史兴亡，
以为现实提供借鉴。这种天命观念有两个理性的内核，一是敬
德，二是重民。

《尚书》的体例有六种：①典：就是常法，常典，相当于现

在成文的宪法。②谟：就是谋略、计划，也就是施政的方针政策。③训：说教、训诫的言辞，一般是贤良之臣训诫君主的，相当于现代的建议书。④诰：就是告知，晓谕，有告诫、劝勉之意。⑤誓：条约、誓文。⑥命：命令。

4. 价值

（1）《尚书》保存了我国上古时代重要的政治历史文献，成为后人了解和研究上古历史的文献依据，是最早的历史地理著作，在我国学术史上占有重要地位。

（2）《尚书》记载了唐尧、虞舜、夏禹及皋陶、益稷几代圣贤君臣的嘉言懿行，体现出的儒家所推尊的"仁政""孝治""民本""修德""仁贤"等思想观念，成为中华民族品德文明的重要来源，为后世力求上进的人们修身、行事提供了理论基础和言行典范。

（3）《尚书·大禹谟》中有"人心惟危，道心惟微，惟精惟一，允执厥中"的十六字富有哲理的箴言，成为宋代理学的重要思想基础。

（4）《尚书》是我国最早的一部散文著作，是我国散文的源头，在文学上也有很高的价值。

5. 名句

（1）德惟善政，政在养民。（《尚书·虞书·大禹谟》）

（2）任贤勿贰，去邪勿疑。（同上）

（3）满招损，谦受益。（同上）

（4）与人不求备，检身若不及。（《尚书·商书·伊训》）

（5）惟事事，乃其有备，有备无患。（《尚书·商书·说命中》）

（6）功崇惟志，业广惟勤。（《尚书·周书·周官》）

（7）玩人丧德，玩物丧志。（《尚书·周书·旅獒》）

（8）民可近，不可下，民惟邦本，本固邦宁。（《尚书·夏书·五子之歌》）

五、中国文学的源头：《诗经》

1. 性质

《诗经》是我国第一部诗歌总集，是中国古典诗歌的光辉起点和崇高典范。

2. 作者

《诗经》的作者很多，分布地域也广。周代有专门的采诗官到民间去收集歌谣，以了解政治和风俗的盛衰利弊，后经孔子删定而成。

3. 内容

该作品产生的年代，上起西周初年（约公元前 11 世纪），下迄春秋中叶（约公元前 7 世纪），大部分产生于黄河流域，小部分在江汉之间，共 305 首。

《诗经》六义是风、雅、颂、赋、比、兴。风、雅、颂指《诗经》的内容和体裁。风：有十五国风，共收录 160 首诗，都是民间歌谣，歌唱男女恋情，描述各地风土人情。雅：分大雅和小雅，共收录 105 首，是朝廷正乐，是西周王畿的乐调，也都是宴会、郊庙的乐歌。颂：是专门用于宗庙祭祀的音乐，内容主要是颂祝赞美神灵，褒扬祖先功德，共 40 首。

赋、比、兴是《诗经》的作法。赋：就是叙述和描写，直接铺陈叙述一件事，是最基本的表现手法。比：就是比喻，在《诗经》中广泛运用。兴：是启发，也称为起兴，兼有比喻、象征、烘托等较有实在意义的用法。

《诗经》内容丰富，反映了西周初到春秋中叶约 500 年间的社会生活的方方面面。主要有以下几个方面：①祭祖颂歌和周族史诗。②表现农耕文化的诗歌。③君臣亲朋间的宴飨诗。④反映军旅战争的诗歌。⑤爱情婚姻的诗歌。⑥反映社会不公、劳动人民疾苦的诗歌。

4. 价值

（1）在中国文学史上具有崇高的地位，产生了深远的影响，奠定了中国文学以抒情诗传统为主的发展方向。其以"风雅"为标志的现实主义精神直接影响了后世诗人作家的创作，其艺术表现手法也成为后世学习的典范。

（2）《诗经》可以表达理想志向，涵养性情，净化心灵（"《诗》三百，一言以蔽之，曰'思无邪'"）。《诗经》被寄寓了伦理教化的重任，形成了经学色彩浓厚的诗教传统和说诗体系，从而在政治、社会、文化等更广泛的领域里产生独特的影响。

（3）《诗经》教给人们通晓人情世态的道理，这是人们做事、从政的基础；还可以使人们文才博雅，辞令美善，很好地应对人生万事。

（4）《诗经》是学习中国文化的必读之诗，是研究古代文字、政治、社会、经济、历史地理、风土人情、宗教道德、爱情婚姻、名物名胜的重要资料。

5．名句

（1）有匪（文采）君子，如切如磋，如琢如磨。（《诗经·卫风·淇奥》）

（2）死生契阔（离别），与子成说（说定）。执子之手，与子偕老。（《诗经·邶风·击鼓》）

（3）人之多言，亦可畏也。（《诗经·郑风·将仲子》）

（4）既见君子（丈夫），云胡不喜。（《诗经·郑风·风雨》）

（5）言之者无罪，闻之者足以戒。（《诗经·周南·关雎·序》）

（6）关关雎鸠，在河之洲。窈窕淑女，君子好逑。（《诗经·周南·关雎》）

（7）彼采萧（蒿）兮，一日不见，如三秋兮。（《诗经·王风·采葛》）

（8）相鼠有皮，人而无仪。人而无仪，不死何为？（《诗经·鄘风·相鼠》）

（9）岂曰无衣，与子同袍（战袍）。（《诗经·秦风·无衣》）

（10）如何如何？忘我实多。（《诗经·秦风·晨风》）

（11）硕鼠硕鼠，无食我黍。（《诗经·魏风·硕鼠》）

（12）战战兢兢，如临深渊，如履薄冰。（《诗经·小雅·小旻》）

（13）君子无易由言（随便发表意见），耳属于垣（墙）。（《诗经·小雅·小弁》）

（14）他山之石，可以攻玉。（《诗经·小雅·鹤鸣》）

（15）投我以桃，报之以李。（《诗经·大雅·抑》）

（16）白圭之玷，尚可磨也；斯言之玷，不可为也。（同上）

六、《周礼》

1. 性质

是一部记述国家王室制度的书，通过对 300 多种职官掌管的具体事物的记述，阐明了社会制度的思想，是一部通过建国设官的制度来表达治国理念的著作。

2. 作者

传说系周公姬旦所著，但不少学者提出《周礼》"出于后人附益"的观点，甚至直指系王莽或刘歆伪作。

3. 内容

《周礼》共 6 篇，每篇一官，分述周代六官系列，360 多个具体职官的名称、编制、职权、职责以及相应的施政原则、方法、措施等，构成了井然有序、完整绵密的建国设官的体系。它的内容是：

（1）天官：冢宰，掌邦治。政务、宫中事务。

（2）地官：司徒，掌邦教。户部、土地、户口、教化。

（3）春官：宗伯，掌邦礼。礼部、祭祀、文化。

（4）夏官：司马，掌邦政。兵部、军队、出征、田猎。

（5）秋官：司寇，掌邦禁。禁部，狱讼、治安。

（6）冬官：司空，掌邦事。工部。

4. 价值

（1）含有丰富的治国思想，对后世的行政管理思想有着深远的影响。《周礼》对官员、百姓用儒法兼容、德主刑辅的方针，不仅显示了相当成熟的政治思想，而且有着驾驭百官的高度技巧。管理府库财物的措施，严密细致，相互制约，也体现了高超的运筹智慧。书中有许多至今仍可资借鉴的思想内容和制度体系。

（2）《周礼》的许多礼制，影响深远，成为后世托古改制的思想武器。隋开始、唐定名一直沿用到清代的六部——吏、户、礼、兵、刑、工，作为中央官制的主体，就是参照《周礼》的六官；历朝修订典制，如唐的《开元大典》、宋的《开宝通礼》、明的《大明集礼》都以《周礼》为蓝本，斟酌损益而成。

（3）有助于我们认识上古文化史的相关内容。《周礼》内容极其丰富，大至天下九州天文历法，小至沟洫道路、草木虫鱼，诸如邦国建制、政法文教、礼乐兵刑、赋税度支、膳食衣饰、寝庙车马、农商医卜、工艺制作等，各种名物、典章，制度，无所不包，可以扩大我们对上古文化的认知。

5. 名句

（1）惟王建国，辨方正位，体国经野，设官分职，以为民极。（《周礼·地官司徒第二》）

（2）掌建邦之六典，以八法治官府，以八则治都鄙，以九贡致邦国之用，以九两系邦国之民。（《周礼·天官冢宰第一》）

七、《仪礼》

1. 性质

《仪礼》是中华民族礼仪文化传统的主要载体，是记载古代宗教仪式和风俗习惯的礼仪之书，也是研究古代社会生活和文化的主要著作。

2. 作者

主要有周公和孔子所作的观点，居于主流的观点是为孔子所编定的。

3. 内容

《仪礼》是有关祭天、祀祖、区分尊卑上下、维护社会等级制度的礼节和行为规范。说明古代贵族从成人、结婚到丧葬的人生阶段的各种行为礼节，以及在交往、燕飨、朝聘、乡射、大射等各种政治和社会活动中的礼仪规范。

第一篇《士冠礼》：成年（20岁）加冠典礼的详细礼仪。

第二篇《士昏礼》：娶妻成婚的礼仪，有六礼——纳采、问名、纳吉、纳徵、请期、亲迎。

第三篇《士相见礼》：是士初次相见的礼仪。

第四篇《乡饮酒礼》：是乡（古代基层行政组织）定期举行酒会的仪式。

第五篇《乡射礼》：是乡（古代基层行政组织）定期举行射箭比武大会的礼仪。

第六篇《燕礼》：是诸侯与其大臣举行的宴饮之礼。

第七篇《大射礼》：是君王主持射箭比赛的礼仪。

第八篇《聘礼》：是国君派遣使节到其他诸侯国进行友好访问的礼节。

第九篇《公食大夫礼》：是国君举行宴会招待外国使节的礼仪。

第十篇《觐礼》：是诸侯朝见天子的礼仪。

第十一篇《丧服》：是亲属去世穿丧服、服丧期的礼仪。

第十二篇《士丧礼》：是士的父母、妻子、长子丧亡的礼仪。

第十三篇《既夕礼》、第十四篇《士虞礼》：是士埋葬父母，回家为父母举行的安魂礼仪。

第十五篇《特牲馈食礼》：是士在家庙中祭祀祖父、父亲的礼仪。

第十六篇《少牢馈食礼》、第十七篇《有司彻》：是卿大夫级别的贵族定期在家庙中用少牢（用羊和猪两牲为祭品称"少牢"）祭祖的礼仪。

4. 价值

（1）《仪礼》记载的是先秦的礼仪制度，是研究古代社会的重要史料。

（2）《仪礼》还保存了相当丰富的上古语汇，为语言学、文献学的研究提供了价值很高的资料。

八、《礼记》

1. 性质

《礼记》是战国至秦汉间儒家学者阐释、解说、发挥《仪礼》思想内容的文章选集，是围绕着"礼乐"主旨的儒家思想的资料汇编。

2. 作者

《礼记》有两部：一部为戴德所辑，称《大戴礼记》，凡85篇（到唐时只余39篇）；一部为戴圣所编辑的《小戴礼记》，凡49篇，东汉末年郑玄为它作了出色的注释，摆脱了附属《仪礼》的地位而成为独立的经典，被列入"十三经"。

3. 内容

《礼记》中通论礼乐教化意义的文章有 10 篇。其中《礼运》是儒家礼治主义思想的大纲，讲述了大同社会的政治理想。《学记》是讲教育原理的。《乐记》是较早的音乐理论著作。《经解》概括评价了"六经"的价值。《礼记》中有 5 篇是记载孔子师生言行及时人杂事的篇章，还有 14 篇是解释《仪礼》的文章。其他篇章还广泛记载了《仪礼》之外的古代制度礼节。

4. 价值

（1）体现了先秦儒家的政法、哲学和伦理思想，是研究先秦社会的重要资料，从中可以了解古代社会、宗族、家庭生活的各种具体情态，还可认识到古代宗法制度和儒家礼乐思想观念在各个层面的渗透性影响。

（2）《礼记》全书以散文写成，一些篇章颇具文学价值，给人以美的享受，使人能学习到许多写作方法。

5. 名句

（1）学然后知不足，教然后知困。（《礼记·学记》）

（2）人之学也，或失则多（贪多），或失则寡，或失则易（浅尝辄止），或失则止（中途辍止）。（同上）

（3）教学相长。（同上）

（4）玉不琢，不成器；人不学，不知道。是故古之王者，建国君民（管理百姓），教学为先。（同上）

（5）入竟而问禁，入国而问俗，入门而问讳。（《礼记·曲礼》）

（6）临财毋苟得，临难毋苟免。（同上）

（7）礼尚往来。往而不来，非礼也；来而不往，亦非礼也。（同上）

（8）敖不可长，欲不可从，志不可满，乐不可极。（同上）

（9）苟利国家，不求富贵。（《礼记·儒行》）

（10）儒有博学而不穷，笃行而不倦。（同上）

（11）父母有过，谏而不逆。（《礼记·祭义》）

（12）口惠而实不至，怨菑（灾）及其身。（《礼记·表记》）

（13）言有物（根据）而行有格（原则）也，是以生则不可夺志，死则不可夺名。（《礼记·缁衣》）

（14）君以民存，亦以民亡。（同上）

（15）大道之行也，天下为公。选贤与能，讲信修睦（和睦）。（《礼记·礼运》）

（16）有其言，无其行，君子耻之。（《礼记·杂记》）

（17）苛政猛于虎也。（《礼记·檀弓》）

（18）生有益于人，死不害于人。（同上）

（19）德配天地，居处有礼，进退有度。（《礼记·经解》）

（20）人之所以为人者，礼义也。（《礼记·冠义》）

九、《春秋左氏传》

1. 性质

是编年纪事的史书。

2. 作者

春秋时左丘明。

3. 内容

《左传》是为《春秋》作传，它以精妙的文字阐发《春秋》的微言大义。

《左传》所记载的内容上起鲁隐公元年（前722），下迄鲁哀公二十七年（前468），篇末还记载了鲁悼公四年后的史事，比《春秋》所记止于鲁哀公十四年（前481）多出13年，反映了周王室衰微、诸侯争霸的历史，鲜明地反映了春秋那个大变革时代的特征和风貌。

4. 价值

（1）《左传》寓褒贬于记事，是一部不朽的史书。它继承《春秋》，把写史的境界提升到一个新的高度，让历史变成后人有益的借鉴。

（2）《左传》融经学于史学，也是部重要的经书。《左传》中记载《易》17次，引赋28次，引《诗经》156次，可供我们考证先秦很多经典著作的源流，明白这些经典在当时社会的作用和影响。

（3）《左传》在文学上有极高的价值，唐刘知幾称其"叙事之最""其言简而要，其事详而博""著述罕闻，古今卓绝""言近而旨远，辞浅而义深"。

5. 名句

（1）人谁无过？过而能改，善莫大焉。（《左传·宣公二年》）

（2）多行不义必自毙。（《左传·隐公元年》）

（3）爱子，教之以义方，弗纳于邪。（《左传·隐公三年》）

（4）善不可失，恶不可长。（《左传·隐公六年》）

（5）肉食者鄙，未能远谋。《左传·庄公十年》）

（6）俭，德之共也；侈，恶之大也。（《左传·庄公二十四年》）

（7）量力而动，其过鲜矣。（《左传·僖公二十年》）

（8）信，国之宝也，民之所庇也。（《左传·僖公二十五年》）

（9）国之兴也，视民如伤，是其福也；其亡也，以民为土芥，是其祸也。（《左传·哀公元年》）

（10）居安思危，思则有备，有备无患。（《左传·襄公十一年》）

（11）祸福无门，唯人所召。（《左传·襄公二十三年》）

（12）大上有立德，其次有立功，其次有立言，虽久不废，此之谓不朽。（《左传·襄公二十四年》）

（13）象有齿以焚其身。（意思是象因有珍贵的牙齿而遭捕杀，比喻人因多财而遭祸）（同上）

（14）孝敬忠信为吉德，盗贼藏奸为凶德。（《左传·文公十八年》）

十、《春秋公羊传》

1. 性质

是一部以挖掘《春秋》的微言大义、阐释《春秋》的思想内涵为主的经学著作。

2. 作者

公羊寿。从先秦到西汉的传承授受，既有公羊氏家族学者的世代相传和增益，也有沈子、子司马子、鲁子等其他学者参与传授和创作，最后由公羊寿和他的弟子胡毋子都于西汉景帝时写定成书。

3. 内容

（1）挖掘、阐释、发挥《春秋》经文的微言大义。

（2）归纳《春秋》的书例。

（3）配合阐释《春秋》经义而附带记述当时的史实。

（4）对某些经文词句作文字训诂以及对礼仪名词作训诂，具有政治性、历史观和可比附性的三大特点，在儒家经典中是不多见的。

4. 价值

（1）作为今文经学的重要典籍，历代经学家常以《公羊传》作为议论政治的工具，在历史上曾经产生过相当大的影响。

（2）阐发扬善去恶的思想，强调国家的"大一统"，对治国理政有很大借鉴作用。

（3）提出著名的"三世说"，将社会治乱兴衰分为三世——衰乱、升平、太平，对后世影响很大。

5. 名句

（1）拨乱世，反诸正，莫近诸《春秋》。（《公羊传·哀公十四年》）

（2）杀人以自生，亡人以自存，君子不为也。（《公羊传·桓公十一年》）

十一、《春秋榖梁传》

1. 性质

同《春秋公羊传》。

2. 作者

经历从春秋后期到战国、秦汉的漫长时期的口头传授阶段，由诸多学者集体参与创作，在西汉时才著于竹帛，署名为榖梁子，名赤，鲁人。

3. 内容

（1）提倡礼制，严守等级。

（2）维护宗法，尊尊亲亲。

（3）悯农轻赋，仁政爱民。

（4）崇尚道义，慎用武力。

（5）尊夏攘夷，礼仪为本。

（6）重视婚姻，轻视妇女。

《榖梁传》以文义阐发《春秋》经文，较为谨慎，认为应该信以传信，疑以传疑。其思想倾向强调礼乐教化，力主仁德之治，主张贵义而不贵惠，信道而不信邪，成人之美而不成人之恶。

4. 价值

（1）适应了西汉后期统治阶级的政治需要，穀梁学被立为官学，成为统治阶级思想的主要部分。

（2）阐发《春秋》大义，侧重礼仪教化，文字质朴、清简。

5. 名句

（1）言之所以为言者，信也。言而不信，何以为言？（《穀梁传·僖公二十二年》）

（2）君不君，臣不臣，此天下所以倾也。（《穀梁传·宣公十五年传》）

（3）山林薮泽之利，所以与民共也，虞之，非正也。（《穀梁传·庄公二十八年传》）

十二、《论语》

1. 性质

儒家的经典著作，是一部记录孔子及其弟子的言论与事迹的语录体著作。

2. 作者

《论语》的编纂，约始于春秋末年，成书于战国初年，由孔子的弟子及再传弟子辑录而成。

3．内容

记录孔子及其弟子的言行，集中体现了孔子的政治主张、伦理思想、道德观念及教育原则等，有人誉之为"东方的圣经"。《论语》的核心内容是"仁"，"仁"的根本涵义则是"仁者爱人"。"忠恕"是由"仁"派生出来的，忠恕之道的基本要求是以诚待人，推己及人。"仁"推广到政治上就是"仁政"，孔子认为治理好国家，君子一定要重视人品、道德，要讲究信用，爱护民众，这是治国的基本原则。《论语》中讲到"仁"109 次，讲到"礼"75 次，孔子认为有了"仁"的本质还要通过"礼"的实践而达到全社会的遵守。

4．价值

（1）奠定了中华文明基本的价值观。孔子提出了一整套建立和谐社会的价值观，如孝、悌、恭、敬、信、宽、惠等，提出了理想社会的秩序。

（2）《论语》讲述了如何做人的道理，创造了人格的典范。

（3）提出了治国理政的原则。宋宰相赵普说："半部《论语》治天下。"可见《论语》的社会价值和历史影响。

（4）《论语》有极高的文学价值，是学习文言文的最好的读本。《论语》记事非常生动，刻画精细入微，文字优美简练，论述精要。

5．名言

（1）吾日三省吾身：为人谋而不忠乎？与朋友交而不信乎？

传不习乎？（《论语·学而》）

（2）君子食无求饱，居无求安，敏于事而慎于言，就有道而正焉，可谓好学也已。（同上）

（3）学而不思则罔，思而不学则殆。（《论语·为政》）

（4）见贤思齐焉，见不贤而内自省也。（《论语·里仁》）

（5）饭疏食饮水，曲肱而枕之，乐亦在其中矣。不义而富且贵，于我如浮云。（《论语·述而》）

（6）己所不欲，勿施于人。（《论语·颜渊》）

（7）君子成人之美，不成人之恶。小人反是。（同上）

（8）欲速则不达，见小利则大事不成。（《论语·子路》）

（9）言必信，行必果。（同上）

（10）志士仁人，无求生以害仁，有杀身以成仁。（《论语·卫灵公》）

（11）益者三友，损者三友。友直（正直），友谅（诚信），友多闻，益矣；友便辟（歪门邪道），友善柔（阿谀），友便佞（花言巧语），损矣。（《论语·季氏》）

十三、《孝经》

1. 性质

就孝的问题进行阐述的儒家经典。

2. 作者

旧说多认为孔子自作，宋代朱熹认为是孔子的弟子曾子的门人所作。

3. 内容

《孝经》仅有近 1800 字，分为 18 章，《开宗明义章》第一，论孝的根本意义与孝行的终始；《天子章》第二至《庶人章》第六是论天子以至于庶如何行孝；《三才章》第七，论孝是人性之本，天经地义；《孝治章》第八，论政治的目的，就在于顺天理，得民心；《圣治章》等九，论行道以事天；《纪孝行章》第十，论孝行的本质是一种庄敬之功；《广至德章》第十三，论推广孝敬之德；《广扬名章》第十四，论孝亲的态度，可推广至一切政治活动；《谏诤章》第十五，论父有不义，子应当谏诤；《感应章》第十六，论行孝的功效，可以通于神明，光于四海；《事君章》等十七，论事君当以将顺其美、匡救其德为主；《丧亲章》第十八，论新丧孝子孝行。

4. 价值

（1）"孝"是中国最重要的传统道德之一，也是最基本的政治伦理观念之一。

（2）将孝亲和忠君联系起来，强调忠、孝在家庭、社会和国家中的重要作用。

5. 名句

（1）夫孝，德之本也，教之所由生也。（《孝经·开宗明义》）

（2）身体发肤，受之父母，不敢毁伤，孝之始也。（同上）

（3）在上不骄，高而不危。制节谨度（节俭、守法），满而不溢。（《孝经·诸侯》）

（4）君子之教以孝也，非家至而日见之也。教以孝，所以敬天下之为人父者也。（《孝经·广至德》）

十四、《尔雅》

1. 性质

是我国最早的一部词书，是第一部按照词义系统和事物分类对古今语言和各物命名演变进行词义研究的一部词典，也是最早的名物百科词典。

2. 作者

最初成书当在战国后期，由当时学者汇集各种古籍词语训释的资料编纂而成。

3. 内容

收录词语 4300 多个，分为 2091 条目。按类分为"释诂""释言""释训""释亲""释宫""释器""释乐""释天""释地""释丘""释山""释水""释草""释木""释虫""释鱼""释鸟""释兽""释畜"等 19 篇。

4. 价值

（1）此书是阅读古籍的一把钥匙，奠定了训诂的基础，是研究中国古代语言文字的必读经典之一，在音韵学、词源学、方言学、古文字学等方面都有重要影响。

（2）开创了类书的先河。《尔雅》根据事物的类别来分篇解释各种事物的名称，是类书的肇始，同时，精要诠释博物的名称，详细描述它们的形貌、性能及类别，是后人研究古代文化和博物的宝藏。

（3）《尔雅》所训释的是先秦经书中的文字名物，故在语言学、文学，文化学等方面均有重要价值。

十五、《孟子》

1. 性质

孟子（约前 372—前 289）言论的汇编，是一部重要的儒家典籍。

2. 作者

由战国时期的思想家孟子及其弟子万章等人记录、整理、编辑而成。

3. 内容

《孟子》记述了孟子所从事的政治活动，阐发了他把孔子的"仁"的思想发展成"仁政"学说的观点，并建立了以"性善论"为理论基础的养性、养气、养心的哲学伦理。总结了各国治乱兴衰的规律，提出富有民主精神的命题："民为贵，社稷次之，君为轻。"孟子认为理想的经济制度是"井田制度"，土地为国家所有，国家授田于民，民耕种，要纳税。

4．价值

（1）对中国古代思想文化产生了很大的影响。

（2）提出一整套做人做事和社会生活的价值判断标准，强调义利之辨、人性之辨和取予之道，为中华民族建立礼乐型的教化系统做出了贡献。

（3）孟子解析心的内容为仁、义、礼、智"四端"，证明人性本善，这为儒家的人文主义思想奠定了基础。孟子以"心"论"性"，为宋代陆九渊，明代王阳明的"心即理"的心学理论提供了温床。

（4）"明浩然之气"提出了一整套锻炼、修养、成就人格的学说，培养了大批仁人志士，为国家建功立业，为社会发展做出了贡献。

5．名句

（1）老吾老，以及人之老；幼吾幼，以及人之幼。（《孟子·梁惠王上》）

（2）乐民之乐者，民亦乐其乐；忧民之忧者，民亦忧其忧。乐以天下，忧以天下，然而不王者，未之有也。（《孟子·梁惠王下》）

（3）以力服人者，非心服也，力不赡也；以德服人者，中心悦而诚服也，如七十子之服孔子也。（《孟子·公孙丑上》）

（4）祸福无不自己求之者。（同上）

（5）恻隐之心，仁之端也；羞恶之心，义之端也；辞让之心，礼之端也；是非之心，智之端也。人之有是四端也，犹其有四体也。（同上）

（6）天时不如地利，地利不如人和。（《孟子·公孙丑下》）

（7）得道者多助，失道者寡助。寡助之至，亲戚畔之；多助之至，天下顺之。（同上）

（8）君子不怨天，不尤人。（同上）

（9）父子有亲，君臣有义，夫妇有别（讲内外有别），长幼有序，朋友有信。（《孟子·滕文公上》）

（10）人之有道也，饱食、暖衣、逸居而无教（受教育），则近于禽兽。（同上）

（11）富贵不能淫，贫贱不能移，威武不能屈，此之谓大丈夫。（《孟子·滕文公下》）

（12）人有不为也，而后可以有为。（《孟子·离娄下》）

（13）人皆可以为尧舜。（《孟子·告子下》）

（14）天将降大任于是人也，必先苦其心志，劳其筋骨，饿其体肤，空乏其身，行拂乱其所为，所以动心忍性，曾益其所不能。（同上）

（15）生于忧患而死于安乐也。（同上）

（16）尽信书，则不如无书。（《孟子·尽心下》）

（17）民为贵，社稷次之，君为轻。（同上）

第四讲　史部常识

一、史书的编纂

我国历史悠久，史籍卷帙浩繁，博大精深，被列入正史的二十四史就有 3000 余卷，4000 多万字，再加上编年体史书、纪事本末体史书、政书、史评史论、私史、野史、杂史，可谓浩如烟海。早在夏、商、周三代乃至更早之前就有历史记述了。

中国史学系统的发达，在于有完善的史官制度。记言和记事，是史官的两个基本职能，也是史学的两个基本视角。一是关注历史事件本身，即对历史过程进行必要的描述，是为记事。记事是对历史大事进行记载，目的在于存史料。二是对历史动因进行总结，是为记言。记言主要是整理君主的言论、谈话，目的在于定褒贬。史官在中国传统的政治文化中，不仅承担着记言、记事的职能，而且还要在记言、记事中进行历史的评判。这些评判汇集起来，作为评判历史人物和观察历史事件的尺度，便形成了中国的历史道义观。

二、学习史书的功用

《四库全书总目》说："夫学者研理于经，可以正天下之是非；征事于史，可以明古今之成败。"读史首先是了解历史事实和历代制度的演变。学习史书，有如下功用：

1. 了解和考证历史事实。在时间的经线上和历史事件及历史人物的纬线上——进行推原求真的研究，还要着眼历代制度，如治国之道、天文、历法、地理、官制、兵法、财政等方面的史实及源流本末的演变。

2. 明了历史时代背景与治乱兴衰的规律。要探究历史变化的线索是什么，历史前进的动力是什么，历史的治乱兴衰的原因是什么，进行科学研究并找出内在的规律，为当今治国理政服务。

3. 可以学习先贤的事迹与嘉言宏思，增长智慧。历史是人的历史，历代优秀人物、推动了历史前进的人物和创造了可歌可泣的事迹的人物，给我们留下了可资学习的榜样和智慧。鉴往以知来，修己安人。

三、史书的分类

1. 最早见于《隋书·经籍志》，分为 13 类：一正史（纪传表志），二古史（编年系事），三杂史（纪异体），四霸史（纪伪朝），五起居注（人君动止），六旧事（朝廷政令），七职官（序班品秩），八仪注（吉凶行事），九刑法（律令格式），十杂传（先贤人物），十一地理（郡国山川），十二谱系（世族继序），十三簿录（史条策目）。

2. 清《四库全书总目提要》分 15 类：一正史，二编年，三纪事本末，四别史，五杂史，六诏令奏议，七传记，八史钞，九载记，十时令，十一地理，十二职官，十三政书，十四目录，十五史评。

四、二十四史、二十五史、二十六史

1. 二十四史：《史记》《汉书》《后汉书》《三国志》《晋书》《宋书》《南齐书》《梁书》《陈书》《魏书》《北齐书》《周书》《南史》《北史》《隋书》《旧唐书》《新唐书》《旧五代史》《新五代史》《宋史》《辽史》《金史》《元史》《明史》。

2. 二十五史：1921 年，徐世昌下令将《新元史》列入正史，成为二十五史。

3. 二十六史：《清史稿》也列入正史，成二十六史。

五、二十六史简介

1.《史记》：我国历史上第一部纪传体通史

《史记》，130 卷，［西汉］司马迁（前 145－前 86）著。记叙上起黄帝，下迄汉武帝元狩元年（前 122 年）的历史，共约 3000 年。全书 52.65 万字。该书文辞精彩，叙事生动，议论深刻，形象鲜明，开创了我国传记文学的先河，在中国古代文学史上有着重要地位。鲁迅赞之曰"史家之绝唱，无韵之《离骚》"。

2.《汉书》：我国第二部纪传体史学名著，第一部断代史纪传体史书

《汉书》（又名《前汉书》），120 卷，［东汉］班固（32－92）著，记叙上起汉高祖（前 206），下迄王莽之诛（23）共 230 年的历史，80 多万字。旧史家称之为"命代奇作""后世不祧之宗焉"。

3.《后汉书》：纪传体断代史书

《后汉书》，120 卷，［南朝宋］范晔（398－445）著。记叙上自光武帝建武元年（25），下迄献帝建安二十四年（219）195 年的历史。全书言简意赅，叙事周详，论赞纵放，特尊独行，也是一部非常优秀的文学作品。

4.《三国志》：纪传体断代史书

《三国志》，65 卷，［晋］陈寿（233－297）撰，记叙上起魏文帝黄初元年（220），下迄西晋武帝太康元年（280）共 61 年的历史。该书在史科取舍剪裁上严谨审慎，忠于史实，精于考订，行文简洁峻朗，绘制了一幅幅生动的三国人物肖像画，有

很高的史学和文学价值。

5.《晋书》：我国古代官修的第一部纪传体史书

《晋书》，130 卷，[唐] 房玄龄（579－648）、褚遂良（596－659）、许敬宗（592－672）等纂修。记叙上起西晋武帝泰始元年（265），下迄东晋恭帝元熙二年（420）156 年的历史。该书体例完善，组织严谨，言简意赅，行文绮丽，保存了许多反映晋代社会风俗的宝贵的第一手资料，构成一幅幅栩栩如生的晋代历史图卷。

6.《宋书》：记述南朝刘宋一代历史的纪传体史书

《宋书》，100 卷，[南朝梁] 沈约（441－513）撰，记叙上起东晋安帝义熙元年（405），下迄南朝宋顺帝昇明三年（479）75 年的历史。该书"八志"，以史料繁富著称，搜采漏阙，随就补缀，征引赅博，存旧续新，内容颇称详尽。

7.《南齐书》：现存关于南朝齐最早的纪传体断代史书

《南齐书》，59 卷，[南朝梁] 萧子显（489－537）撰，记叙上起南朝齐高帝建元元年（479），下迄齐和帝中兴二年（502）23 年的历史。在二十四史中，由后朝帝王子孙纂修前朝国史的仅此一家。该书资料翔实，文笔简洁，叙事完备。

8.《梁书》：现存关于南朝梁最早的纪传体断代史书

《梁书》，56 卷，[唐] 姚思廉（557－637）撰，实则姚察（533－606）、姚思廉父子同撰，记叙上起南朝梁武帝天监元年（502），下迄梁敬帝太平二年（557）共 56 年的历史，该书叙事简严，文字朴素，力戒辞藻的华丽与浮夸。

9. 《陈书》：现存关于南朝陈最早的纪传体断代史书

《陈书》，36 卷，［唐］姚思廉撰，记叙上起陈武帝陈霸先即位的永定元年（557），下迄陈后主陈叔宝亡国的祯明三年（589）计 33 年的历史。该书文笔简洁朴素。

10. 《魏书》：记载北朝魏历史的纪传体断代史书

《魏书》，130 卷，［北齐］魏收（507－572）撰，记叙上起魏道武帝登国元年（386），下迄东魏孝静帝武定八年（550）计 165 年的历史，是二十四史中第一部专记少数民族政权史事的典籍。其志的门类与内容颇称丰富，是现存叙述北魏历史的最原始和比较完备的重要资料。

11. 《北齐书》：记载北朝齐的纪传体断代史书

《北齐书》50 卷，［唐］李百药（565－648）撰，记叙上起北魏分裂（534），下迄北齐亡国（577），从高欢起兵到北齐灭亡的历史。该书文笔生动，叙述简要，颇敢直书。

12. 《周书》：记载北周历史的纪传体史书

《周书》，50 卷，一称《北周书》，［唐］令狐德棻（583－666）等纂修，记叙上起西魏文帝大统元年（535），下迄北周静帝大定元年（581）两朝共 47 年的历史。该书繁简得宜，文笔亦极简劲。

13. 《南史》：记载南朝历史的纪传体史书

《南史》，80 卷，［唐］李延寿（?－?）撰，记叙上起南朝宋武帝刘裕永初元年（420），下迄陈后主陈叔宝祯明三年（589），南朝宋、齐、梁、陈四国170年的历史。该书强调"华夷"一家，体裁变例，叙事完整，史料充实，文笔简练，条理明晰。

14.《北史》：记载北朝历史的纪传体史书

《北史》，100卷，〔唐〕李延寿撰，记叙上起北朝魏道武帝登国元年（386），下迄隋恭帝义宁二年（618）计233年的历史，兼叙东魏孝静帝天平元年（534）至北齐后主隆化二年（577）计44年的历史。该书强调"华夷"一家，体裁变例，叙事完整，史料充实，文笔简练，条理明晰。

15.《隋书》：现存最早一部记载隋代历史的纪传体断代史书

《隋书》，85卷，〔唐〕魏征（580－643）主编，记叙上起隋文帝开皇元年（581），下迄隋恭帝义宁二年（618）计38年的历史。该书组织严谨，体例完备，叙事简明，史料丰富。

16.《旧唐书》：现存最早一部系统记录唐代历史的纪传体史籍

《旧唐书》，200卷，〔后晋〕刘昫（887－946）等撰，记叙上起唐高祖武德元年（618），下迄哀帝天佑四年（907）计290年的历史。该书史料丰富，叙事有据。

17.《新唐书》：系统记录唐代历史的纪传体史籍

《新唐书》，225卷，宋仁宗以《旧唐书》言简意陋，繁略失中，乃命翰林学士欧阳修（1007－1072）、端明殿学士宋祁

（998－1061）重新加以修订而成《新唐书》，记叙内容同《旧唐书》。该书相较《旧唐书》，网罗遗逸，博采补缀，本纪简明，列传充实，创立新例，增列表系，志书详细，内容丰富，文采粲然，体例严谨。

18.《旧五代史》：记载五代十国历史的纪传体史书

《旧五代史》，150卷，〔北宋〕薛居正（912－981）等撰，记叙上起唐僖宗乾符二年（875），下迄周世宗显德七年（960）宋太祖代后周称帝为止计85年的历史。该书条理清晰，资料详备，史实可信。

19.《新五代史》：同上，也是唐代以后唯一私修的正史

《新五代史》，74卷，〔北宋〕欧阳修撰，记叙上起后梁开平元年（907），下迄后周显德七年（960）宋太祖代后周称帝为止共53年的历史。该书博采新鲜材料，文笔简净，史论书法谨严，褒贬分明，但其史料价值略逊《旧五代史》。

20.《宋史》：记录宋代历史的纪传体史书

《宋史》，496卷，〔元〕脱脱（1314－1355）等撰，记叙上起宋太祖建隆元年（960），下迄赵昺祥兴二年（1279）计320年的历史。内容丰富全面，材料真实可靠，体例系统完备。

21.《辽史》：记录契丹族所建辽王朝历史的纪传体史书

《辽史》，116卷，〔元〕脱脱等撰，记叙上起辽太祖神册元年（916），下迄天祚帝保大五年（1125）计210年的历史。该书缺漏甚多，前后矛盾，讹误较多。

22.《金史》：记录女真族所建金朝政权的纪传体史书

《金史》，135卷，［元］脱脱等撰，记叙上起金太祖收国元年（1115），下迄哀宗天兴三年（1234）计120年的历史。该书条例整齐，约而不疏，赡而不芜，记事翔实。

23.《元史》：记录元朝历史的纪传体断代史书

《元史》，210卷，［明］宋濂（1310－1381）、王祎（1322－1373）等纂修，记叙上起元太祖铁木真称成吉思汗（1206），下迄元顺帝至正二十八年（1368）计163年的历史。该书详略分明，所保存史料珍贵。

24.《明史》：记录明朝历史的纪传体断代史书

《明史》，332卷，［清］张廷玉（1672－1755）等纂修，记叙上起明太祖洪武元年（1368），下迄崇祯十七年（1644）计277年的历史。该书材料翔实，体制严谨，叙事清晰，行文简洁。

25.《新元史》：记录元朝历史的纪传体断代史书

《新元史》，257卷，［民国］柯劭忞（1850－1933）意欲纠正《元史》之失，乃综合前人有关元史与蒙古的研究成果，历30年，修成《新元史》，与上面二十四史，合称"二十五史"。该书博引旁搜，文字雅洁，但烦琐冗漫。

26.《清史稿》：记载清代历史的纪传体断代史书

《清史稿》，536卷，［民国］柯劭忞总纂，1914－1927年历14年成稿，记叙上起清太祖天命元年（1616），下迄宣统帝宣统三年（1911）计 296 年的历史。该书出于清朝遗老之手，内容或有失实，写法也有偏颇，但保存史料则有价值。

六、其他重要史书简介

1. 《竹书纪年》：战国时魏国编写的一部编年体史书

编年体是指按年月顺序编写史书的体裁，以年月为经，以事实为纬，按历史发展过程记述史实。

晋太康二年（281），该书出土于汲郡（今河南卫辉西南）古墓王陵，记叙上起三皇五帝及夏以后至周幽王为犬戎所灭之历代史事，下迄晋史，用晋纪年。"三家分晋"后用魏纪年，直至魏"今王二十年"，记载了夏、商、周、春秋时期晋国以及战国时魏国的历史，具有重要的史料价值和影响。

2. 《资治通鉴》：我国第一部编年体通史巨著

《资治通鉴》，294 卷，［北宋］司马光（1019－1086）撰，记叙上起战国三家分晋（前 403），下迄五代（959）计 1363 年的周秦至五代所有的重大历史事件和历史人物的情况。该书以政治为核心，军事为重点，兼及经济、文化和史事评论，取材范围广，史料价值高，体例严谨，脉络分明，叙事详洽。

3. 纪事本末体史书：按历史事件编排的有始有终使人一目了然的史书

（1）《通鉴纪事本末》，［宋］袁枢（1131－1205）撰。该书将《资治通鉴》中的史事分门别类编排，每篇各编年月，自为标题，有"文省于纪传，事豁于编年"（见章学诚《文史通义》）的优点。

（2）《左传纪事本末》，〔清〕高士奇撰。

（3）《宋史纪事本末》，〔明〕陈邦瞻撰。

（4）《元史纪事本末》，〔明〕陈邦瞻撰。

（5）《明史纪事本末》，〔清〕谷应泰撰。

4. 国别体史书

（1）《战国策》，33卷，〔西汉〕刘向（前77－前6）撰，杂记战国时期秦、齐、楚、赵、魏、韩、燕、宋、卫、中山诸国之事，上接春秋，下至秦并六国，约公元前490年到公元前220年计270年的历史。该书文笔优美，叙事生动，也是一部文学价值很高的散文名著。

（2）《国语》，21卷，无名氏撰，是我国第一部国别史，是春秋时期各国史官所记史料的汇集整理，主要记载王侯、卿大夫的治国言论。上起周穆王十二年（前964）征犬戎，下迄周贞定王十六年（前453）韩、赵、魏三家灭智氏，分别载及周、鲁、齐、晋、郑、楚、吴、越等8国史事计500多年的历史。该书文字通俗流畅，对话生动活泼，也是很好的文学作品。

5. 政书

政书，是记述制度文物沿革的史书。创造这种史书体制的是唐朝的杜佑。

（1）《通典》，200 卷，［唐］杜佑（735－812）著，190 多万字，是我国第一部论述历代典章制度的专史。纪事上起远古，下至唐玄宗天宝末年（755），以事类为中心，分为食货、选举、职官、礼、乐、兵、刑、州郡、边防共 9 个门类。该书取材博洽，史识高远，论断精辟，立意新颖，史料珍贵，是研究唐中期以前各代政治、经济、文化等典章制度不可缺少的参考书。

（2）《通志》，200 卷，［南宋］郑樵（1104－1162）著，是继《史记》之后我国现存的第二部纪传体通史。记事上起三皇，下迄隋唐，其"二十略"中，部分有载及唐宋的内容。如《帝纪》记载三皇五帝至隋朝各代帝王事迹，《氏族略》是记述姓氏来源的氏族谱系之学，《六书略》从形体构造及使用方面来探索汉字的规律，《七音略》从语音的角度探索汉字形成的规律等。该书卷帙浩繁，规模宏大，资料丰富，体系完备。

（3）《文献通考》，348 卷，［宋末元初］马端临（1254－1340）著，是专门论述历代典章制度的著作。记叙上起上古，下迄南宋宁宗嘉定末年（1224），尤详于宋代的典章制度。该书门类繁多，内容详赡，脉络清晰，考证严密，论断精辟。

除上述"三通"外，还有如下政书：《续通典》《清朝通典》《续通志》《清朝通志》《续文献通考》《清朝文献通考》。加上刘锦藻作《清朝续文献通考》，则成为"十通"。

6. 学术史与史评

（1）《明儒学案》，清初黄宗羲（1610－1695）著，是一部学术史的名著。

（2）《宋元学案》，清初黄宗羲著，是一部学术史的名著。

以上两部都说明各代各学派的源流、代表人物及其学说的内容，论述诸儒之师承、派别等。

（3）《史通》，20 卷，［唐］刘知幾（661－721）撰，是我国古代第一部体系完整的史学理论专著。该书对上古至唐初史籍撰述及史学理论所取得的巨大成就进行全面总结，提出较为系统的史学理论，成为唐代以前我国史论的集大成者。该书范围广泛，内容丰富，很好地阐述了史籍的编纂原则及方法、史籍文字技巧等。

（4）《文史通义》，8 卷，［清］章学诚（1738－1801）著，是我国古代著名的史学理论集大成之作。《文史通义·内篇》的主要内容是辨章学术，考镜源流，抨击学风之弊，提倡学术经世，对"六经皆史""经世致用""史义"和"史德"等著作论断作出系统详细的阐述，确立了清代学术史的新范式。《文史通义·外篇》在总结古代地方志修志经验的基础上，建立了方志理论体系与纂修义例，被梁启超喻为"方志之祖""方志之圣"。

7. 地理学

（1）《水经注》，40 卷，［北魏］郦道元（? －527）著，是我国古代地理学史上最著名的一部河流水文地理著作。该书记述了 1252 条河流，500 多处湖泊，140 余种植物，100 多种动物，还有农业地理的内容，且兼载大量志人志怪的故事与神话传说，在我国文学史上也有很重要的地位。

（2）《大唐西域记》，12卷，［唐］释玄奘（600－664）口述，释辩机编，是一部玄奘游历西域19年间的旅途见闻录。该书记叙了西域印度等138个国家、城邦和地区的情况，包括疆域、山川气候、风土人情、语言、宗教、佛寺等，也是一部具有很高文学价值的名著。

（3）《徐霞客游记》，12卷，［明］徐霞客（1587－1641）著，是我国最早一部以日记为主，详细记录所经地理环境的游记，也是世界上最早记述岩溶地貌并详细考证其成因的书籍。该书在地理学上有重要的学术价值，也是优秀的游记集。

地理学著作还有古代的第一本讲述地理划分的书《禹贡》和清康熙年间（1662－1722）西洋传教士与中国学者共同测绘的《皇舆全览图》，又称《康熙皇贤全舆图》。

第五讲 子部常识

一、什么叫子学

在甲骨文中,"子"的本义是小孩子,后引申为对男子的美称,用以表示身份和地位。古代凡是有道德者、有学问者、有爵位者,皆可以被称为"子",许多记录诸子言论的书,也是用"子"来命名。子学表述的是一个学者的见解,一个学派或一部分人的共识。

诸子原指周秦之际诸子百家的学术。诸子的时代,成为我国学术史的黄金时代,诸子的学说,直接进入每一个中国人的心灵中,落实在思想言行中。

二、诸子的学理

(一) 儒家

1. 孔子、孟子。孔孟是儒家的奠基者。

（1）孔子主要观点如下。①天人关系："大哉乾元，万物资始，乃统天。"（《易·乾·彖》）"大有上吉，自天佑也。"（《易·大有·象》）"天行健，君子以自强不息。"（《易·乾·象》）"地势坤，君子以厚德载物。"（《易·坤·象》）孔子认为，天既是超越的存在，又与人有密切的关系，从天道而推出人事，以天道作为人事之依据和法则的来源。②人性论：第一，食、色是人的基本欲望。"饮食男女，人之大欲存焉。"（《礼记·礼运》）第二，人有利益的诉求。"君子喻于义，小人喻于利"（《论语·里仁》）指出人不是不能求利，而是不能忘了义而取利。第三，人在智力能力等方面是有差异的。"中人以上，可以语上也；中人以下，不可以语上也。"（《论语·雍也》）"唯上知与下愚不移。"（《论语·阳货》）孔子将人分为上智、中智和不智，即承认人的智力、能力是不同的。第四，亲情是人最基本的情感。"父为子隐，子为父隐，直在其中矣。"（《论语·子路》）孔子主张不宣扬其亲的过失，并非无原则的包庇，而是出于对亲情的看重。③君子论：第一，君子处世方式是帮助人，"君子成人之美，不成人之恶。"（《论语·颜渊》）不怕身处逆境，"饭疏食饮水，曲肱而枕之，乐亦在其中矣。"（《论语·述而》）第二，君子要有高尚的品德。"君子泰而不骄。"（《论语·子路》）"仁者不忧，知者不惑，勇者不惧。"（《论语·宪问》）君子安详舒泰而不骄傲，将仁，智，勇当作君子之德。第三，君子在世界观上要有"中庸"思想。"中庸之为德也，其至矣乎！"

（《论语·雍也》）"过犹不及。"（《论语·先进》）其弟子子思还说："中也者，天下之大本也；和也者，天下之达道也。致中和，天地位焉，万物育焉。"（《礼记·中庸》）④伦理思想：主张仁、礼、信、孝。孔子说："弟子入则孝，出则弟，谨而信，泛爱众，而亲仁。"（《论语·学而》）"己所不欲，勿施于人。"（《论语·颜渊》）"不学礼，无以立。"（《论语·季氏》）孔子要弟子做到："恭、宽、信、敏、惠。"（《论语·阳货》）"立身有义矣，而孝为本。"（《孔子家语·六本》）

（2）孟子主要观点如下。①四端之心："恻隐之心，仁也；羞恶之心，义也；孝敬之心，礼也；是非之心，智也。仁义礼智，非由外铄我也，我固有之也，弗思耳矣。"（《孟子·告子上》）②性善论："人性之善也，犹水之就下也。人无有不善，水无有不下。"（《孟子·告子上》）③义利观："王何必曰利？亦有仁义而已矣。"（《孟子·梁惠王上》）以仁义为治国之本，要见利思义。"富贵不能淫，贫贱不能移，威武不能屈，此之谓大丈夫。"（《孟子·滕文公下》）就是"言不必信，行不必果，惟义所在"（《孟子·离娄下》）的人。④王道政治：第一，统治者要以人民为本。"民为贵，社稷次之，君为轻。"（《孟子·尽心下》）"得天下有道：得其民，斯得天下矣。得其民有道：得其心，斯得民矣。得其心有道：所欲与之聚之，所恶勿施尔也。"（《孟子·离娄上》）第二，统治者要实行仁政。"以不忍人之心，行不忍人之政，治天下可运之掌上。"（《孟子·公孙丑上》）第三，统治者要重视德教。"仁言不如仁声之入人深也，善政不如善教之得民也。善政，民畏之；善教，民爱之。善政得民财，善教得民心。"（《孟子·尽心上》）

2. 儒家学说形成之初，便重视仁义礼乐，立身行己。这些观念在孔子时得到整理，由孟子继续阐释，至荀子得以大成。荀子将儒家的"礼"与法家的"法"结合起来，形成外儒内法、德主刑辅的治国学说，成为后世儒家学说的主流。

3. 汉代儒家的代表人物是董仲舒和扬雄。董仲舒（前179—前104）作《春秋繁露》阐释其学说。一是独尊儒术，以之作为国家的统一思想；二是以天人感应解释君权天授，明确了汉王室得天下的合理性，并通过讨论天人互动的关系限制皇帝的行为，鼓励君主以德治国。扬雄（前53—18）作《太玄》《法言》，按照天地人三位一体的思路，重新构成一套解释彼此关系的学理系统，继承了原始儒学不务虚妄、专注学理的传统。

4. 儒学到了宋代又有一大转变，即在吸收其他诸子思想的基础上，兼采道教、佛教的方法论，形成了理学与心学。程朱理学是宋代理学思潮背景下最具代表性的学派，以二程（程颢、程颐）和朱熹为主要代表，程朱理学所包含的天理论、心性论、格物致知论、道统论彰显了时代的精神和要义，代表了中国古代哲学思想水平发展的新高度。

5. 宋明产生了心学。陆九渊（1139－1193）、王阳明（1472－1529）认为在心学之前产生的"理学"，不论是其学说宗旨还是实践功夫、教人方法都和圣人教人的主旨和修养方法有所不同，于是陆九渊依照孟子、程颢心学思维的进路，正式提出"心即理"的心学。陆九渊的学术主张有：①宇宙观。宇宙即是吾心，吾心即是宇宙。②心性论。心即理，本心即天理。③功夫论。"先立乎其大"与"易简功夫终久大"。（大：指本心）④本体论。陆认为心只是纯然、圆满、具足的善（心即理），心若有障蔽，那么将蔽障去除就回复到纯善了。明代王阳明的学术宗旨有：①心即理。身心圆满具足一切事理。②知行合一。真知必能行，真行必能知。③致良知。推广良知在事上，使事事物物皆得其理。④事上磨炼与诚意。"静坐"与"事上磨炼"相结合才能恰如其分地处理好自身与他人（或事物）的关系；诚意是良知的最好效果。⑤万物一体之仁。扩展万物一体之心，讲仁心流通感化，影响他人，把人间的种种私欲、痛苦彻底消除，社会不会再有见利忘义等不善之事，以建立王阳明的理想国。⑥四句教。"无善无恶心之体，有善有恶意之动，知善知恶是良知，为善去恶是格物。"（《传习录》）四句教是阳明心学中最核心的精髓，是王阳明一生思想的高度概括和总结。

6. 清代学术思想。清初的顾炎武、王夫之、颜元之所以批评陆、王，是因心学末流的学风误国，导致明朝覆灭。清初的学术精神是经世致用。清中期，以戴震为首的徽学继承朱子的考据学的同时，反对政府干预学术，排斥清廷提倡程朱理学，检讨礼教流弊。此时期的章学诚主张"六经皆史"，倡导由经学转向史学，由古代转到当代，以切合当前之人事。道光、咸丰时期，一些学者提倡"《春秋》公羊学"，用经学的权威来指导当时的社会改革，以期让清廷改变治国的方略。他们在表面上看似守旧，其实极为激进。不过这一批学者的感情重于理智，于考据义理、经世致用的探究不能落实，实为清代学术之歧出。

（二）兵家

1. 兵家著述以军事实践的记录和军事经验的总结为主要内容。西汉任宏将兵家分为兵权谋、兵形势、兵阴阳、兵技巧4家。到了宋代，兵学文献分为兵书、军律、边策、营阵、阴阳5种。

2. 兵家的代表著作是"武经七书"，即《孙子兵法》《吴子兵法》《六韬》《司马法》《三略》《尉缭子》《李卫公问对》7部著名兵书。

3. 宋代将此前的兵书进行了汇总，编成《武经总要》，对选将料兵、教育训练、军事通讯、水陆战法、军事地理、武器装备、战例得失、阴阳占候等进行分类叙述。明代继续编订《百战奇略》《武备志》等书，从不同角度对历代战例、军事制度等进行了分析，带有明显的总结性质。

（三）法家

1. 法家的学理经李悝、商鞅、慎到、申不害、韩非子的阐释之后，已经成形。

2. 秦以后的法家，基本上沿着两条路径发展：（1）着力制定律令。秦有《秦律》，汉有萧何《九章律》、孙叔通《傍章律》、张汤《越宫律》、赵禹《朝律》，唐有《唐律》和《唐律疏议》，宋有《宋刑统》，明有《大明律》，清有《大清律例》等。（2）变法革新。如宋仁宗采纳范仲淹的主张，以整顿吏治为中心，推行庆历新政；宋神宗倚重王安石，设立制置三司条例司，从立法和司法解释的角度推广新法。此后法家学理上的新创并不是很多。

3. 《隋书·经籍志》将《管子》由道家移到法家。《管子》更多强调礼法兼重、道法合流，与礼并重，治国的根本目的在于强国富民，立法的根本目的在于以民为本。

（四）农家

1. 《汉书·艺文志》概括农家的特点，在于"播百谷，劝耕桑，以足农食"，著述中多是五谷种植、农耕之法和任地生产之类的讨论。在先秦，重农是诸子共同关注的问题。

2. 汉代之后，农家侧重记述农业生产的方法：一是强调顺天之时，如氾胜之《氾胜之书》、崔寔《四民月令》等。二是主张因地制宜，如贾思勰《齐民要术》、徐光启《农政全书》等。三是总结救荒济时的经验，如明代编写的《救荒本草》，搜集历代本草中所记载的414种可使人食用的草、木、米谷、果、菜，按部编目，以备不时之需。

（五）医家

1. 在夏商周时期，医家和巫师密不可分，既承担着交通鬼神的职能又兼及治病救人，也被称为巫医。

2. 春秋战国时期开始分途发展，医学理论也在此时萌芽，经过秦汉的完善，形成了托名黄帝的《黄帝内经》。

3. 中药的药理来自《神农本草经》，共收药物 365 种。中药药物集大成的著作是《本草纲目》，共收载 1892 种药物，附图 1000 多幅，药方 11 000 多个。

4. 《难经》《脉经》《针灸大成》对经络学说有着详细的解读。

（六）杂家

1. 所谓"杂"，意指包罗万象，把当时不能具体划分的诸子著作统统列入，并分杂学、杂考、杂说、杂品、杂纂、杂编之类。

2. 认为杂家兼通诸家，常将无法归类的书列入杂家。《四库全书》中，如《尸子》《墨子》《尹文子》《公孙龙子》《慎子》《鹖子》等被视为杂家。

3. 杂家的代表著作是《吕氏春秋》和《淮南子》。西汉淮南王与其宾客共同编成的《淮南子》，为汉代的治国法典，现存

《内篇》21篇，大旨归于道家的自然天道观，但糅合各家学说，涉及宇宙学说、天文地理、人性论、道德论、政治论、军事论等多方面。

（七）释家

1. 释家即佛家。佛教是由佛、法、僧三者综合构成的宗教实体，三者合称三宝。其中的法，即佛教的各种教义和学说，主要是戒、定、慧三学。戒指戒律，是防止人们作恶业的规则；定指禅定，持修者思虑集中，观悟佛理的学理；慧指智，是可让持修者获得解脱的方法。

2. 在佛教的宇宙观中，宇是时间，宙是空间。佛学认为时间分为过去、现在和未来，三际之间互为因缘，互为促进，无穷无尽。佛教讲的空间有十方，任何一方都生另一方，一方与另一方之间互为因缘。

3. 佛教的人生观，是从受想行识、三苦、八苦中推导出来的人生皆苦。从空间上说，三界统苦，不管你生活在哪一个世界，一切都是痛苦。从时间上说，这些苦是无穷之苦，无论何时何地，都是在痛苦之中。

4. 佛教的认识论，是空、假、中三者合成的"三谛"。观空时，无假无中无不空；观假时，无空无中无不假；观中道时，无空无假无不中。这种方法被称为"圆融三谛"。

5. 后世最著名的佛经，即《大藏经》，也称"一切经"，是汇集佛教一切经成为一部全书的总称，共达 5600 多万字，收录 724 函 1669 部，7168 卷。

（八）道家

1. 道家收集的多是道教的典籍。中国的道教在汉魏时期开始形成。东汉末张鲁推行五斗米道，将老子作为神仙和教主，《道德经》成为道教的思想资源。

2. 南北朝时，由葛洪、陶弘景总结炼丹学说和修炼之法；至唐宋，用神仙思想来阐发老庄，推行心性修炼，逐步形成道家"性命双修"的核心理念。

3. 道教的思想体系是由玄道思想、仙道学说构成。玄道思想是道家思想体系的根本。玄是万物本原的状态，混沌一体；道是生化宇宙万物的原动力，是造化之根。仙道学说主要描述人何以合道成仙。

4. 道家文献有明朝张宇初编纂的《正统道藏》，包括周秦以下道家子书及六朝以来道教经典，共 5305 卷，480 函。明神宗时又续补过，名《万历续道藏》，凡 32 函，180 卷。这两部是现仅存的官修道藏，文献意义极为重大。

（九）墨家

1. 墨家以兼爱、非攻为政治学说。

2. 墨家以尚同、尚贤为社会学说。

3. 墨家以天志、明鬼、非命为宗教思想。墨子相信天是一个有意志的存在，也是一个至上神。墨家又提出明鬼说，即认为有鬼神时刻在监视着人们。

4. 墨家以节用、节葬、非乐为经济学说。

（十）名家

1. 名家是先秦专门研究名理问题的学派，代表人物为邓析、尹文、惠施、公孙龙。

2. 名家之祖是邓析（前545－前501），他最早提出了刑名之辩，开了先秦名辩思潮的先河，其思想主要表现在两可说、"无厚"论、循名责实论。

3. 尹文（约前360－前280）也是早期的名家学者。他探讨的逻辑问题主要有两点：第一，论名有三科。尹文认为名有三类：一是命物之名，如方圆白黑之类；二是毁誉之名，如善恶贵贱之类；三是况谓之名，如贤愚爱憎之类。第二，论法有四类。一是不变之法，如君臣上下之类，是对社会关系的分析；二是齐俗之法，如能鄙同异之类，是对社会现象的概括；三是治众之法，如庆赏刑罚之类，是对行政行为进行总结；四是平准之法，如律度权量，是对规则进行描述。

4. "合同异"以惠施（约前370－前310）为代表。惠施的"合同异"则是建立在逻辑表述之上的，是方法推导的一种结果，在看似不同的事物中寻找其相同点，在差异性中寻求其相似性，忽略事物的个性，而重视其共性。

5. "离坚白"的代表人物是公孙龙（前 320－前 250），侧重讨论事物的绝对性，即天下的任何事物都是不同的。如坚石和白石不能看作一个东西，"坚"描述的是硬度，只有摸了才知道它为坚；"白"是颜色，只有看了才知道它为白。也就是说，任何一块石头不能同时见到坚和白，所以只能选择其中一个感觉与石合为一物。

（十一）阴阳家

1. "阴阳"的概念最早见于《周易》，"五行"的概念最早见于《尚书》，这两种观念的产生，可追溯到上古的巫术与方技。到战国时代阴阳与五行渐渐合流，阴阳家正是以此为理论基础的。

2. 阴阳家的代表人物是邹衍（前 324－前 250），著有《邹子》49 篇及《终始》56 篇，惜已亡佚。其学说主要有"五德终始说"和"大小九州说"。"五德终始说"的主旨是以天文论天人的关系，以五行论人事的变化，以地理论万物的消长。邹衍认为世界上的万物都是由金、木、水、火、土五行相生相克而成的，朝代的更替也是如此。用五德生克的学理解释历史演进，形成了五德终始说，对中国政治学说的影响很大。"大小九州说"是邹衍对宇宙空间的一种假设。他认为儒家所称的中国，只占天下的 1/81，中国只是赤县神州，赤县神州内有九州，为禹所分，即冀州、兖州、青州、徐州、扬州、荆州、豫州、梁州、雍州，这是小九州。神州之外还有九个州，其为海所环绕，每州内又有州，且语言风俗者不相通，这是大九州。

（十二）纵横家

1. 纵横实为战国时代两种外交策略。苏秦倡导韩、赵、魏、楚、燕、齐六国联合抗秦，是为"合纵"；张仪倡导六国共事秦国，是为"连横"。

2. 苏秦、张仪同学于鬼谷先生，学习纵横之术，论及纵横家之思想，应以《鬼谷子》为代表。《鬼谷子》现有 12 篇，分为 3 卷，以捭阖、钩钳、揣摩、权谋等术作为主要内容。纵横之学目的在于贯彻自己的意志，制伏他人。

三、子部文献

（一）《荀子》：32 篇，［战国］荀况著

荀子，名况，又称荀卿、孙卿。战国时赵国人。生卒年不详，清人汪中曾作《荀卿子年表》，大概定为公元前 298 至公元前 238 的 60 年中。荀子是战国时期继孟子之后儒家学派的另一位代表人物。

1. 性恶论。提出"人之性恶，其善者伪也"（《性恶》）。道德、善行是通过后天学习、训练得来的。"性也者，吾所不能

为也，然而可化也。积也者，非吾所有也，然而可为也。注错习俗，所以化性也。"（《儒效》）

2. 天道观。宇宙的生成演化完全是自然的结果，作为自然的天地、阴阳是万物生长的源泉。"天地者，生之本也。""天地合而万物生，阴阳接而变化起。"（《礼论》）"天行有常，不为尧存，不为桀亡。应之以治则吉，应之以乱则凶。"（《天论》）也就是说，天道的运行自有其固定不变的规则，并不与人事相关联，也不以人的意志为转移。

3. "尊先王"的同时，又主张"法后王"。"欲观千岁，则数今日；欲知亿万，则审一二；欲知上世，则审周道。"（《非相》）

4. 突出"礼"，重视社会治理和秩序重建。"古者圣人以人之性恶，以为偏险而不正，悖乱而不治，故为之立君上之势以临之，明礼义以化之，起法正以治之，重刑罚以禁之，使天下皆出于治，合于善也。"（《性恶》）

5. 人和自然的关系，主张顺天应时，根据自然规律来指导人们的现实活动。"圣人清其天君，正其天官，备其天养，顺其天政，善其天情，以全其天功。"（《天论》）又极热情地歌颂了人的力量，树立了人在天地之间的重要地位，强调"强本而节用，则天不能贫；养备而动时，则天不能病；修道而不贰，则天不能祸。故水旱不能使之饥，寒暑不能使之疾，祅怪不能使之凶。……故明于天人之分，则可谓至人矣"（《天论》）。

6. 在《礼论》《乐论》《劝学》中，讲了礼、乐和教育的事。如："学不可以已。""木受绳则直，金就砺则利，君子博学而日参省乎己，则知明而行无过矣。"（《劝学》）

7. 推荐读本：王天海《荀子校释》（上海古籍出版社，2005），张觉《荀子译注》（上海古籍出版社，2012），方勇、李波译注《荀子》（中华书局，2011）。

(二)《孙子兵法》：13篇，［春秋］孙武著

1. 作者：孙武，字长卿，春秋齐国人，生卒年不详。

2. 提出影响战争胜负的五种基本要素："一曰道，二曰天，三曰地，四曰将，五曰法。道者，令民与上同意也，故可以与之死，可以与之生，而不畏危。天者，阴阳、寒暑、时制也。地者，远近、险易、广狭、死生也。将者，智、信、仁、勇、严也。法者，曲制、官道、主用也。凡此五者，将莫不闻，知之者胜，不知者不胜。"（《计》）

3. 提出"知己知彼"的著名论断："故曰知彼知己，百战不殆。不知彼而知己，一胜一负。不知彼不知己，每战必殆。"（《谋攻》）

4.《孙子兵法》军事思想的另一特征就是其中包含丰富的辩证思维。"兵者，诡道也。故能而示之不能，用而示之不用，近而示之远，远而示之近。利而诱之，乱而取之，实而备之，强而避之，怒而挠之，卑而骄之，佚而劳之，亲而离之。攻其

不备，出其不意。此兵家之胜，不可先传也。"（《计》）"兵以诈立，以利动，以分合为变者也。"（《军争》）

5. 推荐读本：杨丙安《十一家注孙子校理》（中华书局，1999）。

(三)《韩非子》：20 卷，55 篇，［战国］韩非著

1. 作者：韩非（约前 280－前 233），战国后期法家的代表人物。

2. 在政法思想上，法家一向主张国君通过法制来治国。"国无常强，无常弱。奉法者强则国强，奉法者弱则国弱。"（《有度》）"法者，宪令著于官府，刑罚必于民心，赏存乎慎法，而罚加乎奸令者也。"（《定法》）"法者，编著之图籍，设之于官府，而布之于百姓者也。"（《难三》）

3. 提出君主驾驭臣民的权术。"术者，藏之于胸中，以偶众端而潜御群臣者也。"（《难三》）"术者，因任而授官，循名而责实，操杀生之柄，课群臣之能者也，此人主之所执也。"（《定法》）"君执柄以处势，故令行禁止。柄者，杀生之制也；势者，胜众之资也。"（《八经》）

4. "道无常操"的天道观。在天道观与历史观方面，韩非子是持发展、进化的观点的。他认为道是宇宙万物的本源、是非的标准，也是国家赖以存在、发展的基础。"道者，万物之所然也，万理之所稽也。"（《解老》）"道者，万物之始，是非之纪也。是以明君守始以知万物之源，治纪以知善败之端。"（《主道》）由于万事万物都是不断变化的，所以道也"不得不化，故无常操"（《解老》）。"是以圣人不务循古，不法常可，论世之事，因为之备。"（《五蠹》）

5．推荐读本：陈奇猷《韩非子集释》（中华书局，1958），《韩非子新校注》（上海古籍出版社，2000），梁启雄《韩子浅解》（中华书局，2009），张觉《韩非子译注》（上海古籍出版社，2012）。

(四)《农政全书》：60卷，[明]徐光启著

1．作者：徐光启（1562－1633），字子先，号玄扈，松江府上海县（今上海徐家汇）人。徐光启是我国明末杰出的科学家，也是我国近代科学的先驱。

2．《农政全书》凡60卷，分为：农本、田制、农事、水利、农器、树艺、蚕桑、蚕桑广类、种植、牧养、制造、荒政等12目。书中的大部分篇幅，分类汇辑引录了近300种古代文献，并加入了不少作者自己的见解。

3．《农政全书》作为农书，即有关农业科学技术的著作，继承了我国农学的传统，以种植业为主，同时也兼及林、牧、副、渔各业。该书对我国古代农学的发展做出了巨大的贡献。

4．《农政全书》作为政书，主要包括农本、农垦、水利和荒政等方面的内容，其篇幅占全书一半以上，指出农业是"生

民率育之源""富国必以本业"(《农本》)。要解决粮食问题，就要开垦荒地，兴修水利，"水利，农之本也，无水则无田""凡地得水皆佃"(《开垦》)。荒政这一目占到全书的三分之一以上，体现了他的"预弭为上，有备为中，赈济为下"的救灾方针。"预弭"就是"浚河筑堤，宽民力，祛民害"，"有备"就是"尚蓄积，禁奢侈，设常平，通商贾"，"赈济"就是"给米煮糜，计户而救之"。

5. 《农政全书》是我国明代大型综合性农书。其中以屯垦、水利、荒政三项为重点。该书系统总结了17世纪初以前我国传统农业的知识和生产经验，并吸收了大量西方科学技术，成为一部名副其实的"总括农家诸书"的农业百科全书，也是我国古典农业科学史上最完备的一部总结性的杰作。

6. 推荐读本：西北农业大学古农学研究室《农政全书校注》(上海古籍出版社，1979)。

(五)《齐民要术》：10卷，[北魏]贾思勰著

1. 作者：贾思勰(北魏孝文帝时人)，青州益都(今山东寿光市)人，北魏、东魏时大臣，中国古代杰出的农学家，著有世界农学史上的首部农业百科全书《齐民要术》。

2. 《齐民要术》：前三卷讲大田作物(包括粮食作物和经济作物)和蔬菜的种植。卷四讲林木栽培和果树栽培。卷五记载经济林木和染料植物及伐木常识等。卷六讲畜牧和养鱼。卷七、

八、九讲述酿造、食品加工、荤素莱谱和文化用品等。卷十是我国最大的南方植物志。

3.《齐民要术》是研究北朝时期物质生产及社会生活的重要史料。它反映了公元前 1 世纪到公元 6 世纪间，我国北方农牧业的生产状况和科学技术水平。该书详细论述了中国古代农、林、牧、副、渔、烹饪等各方面的生产和制作情况，为古代著名的"四大农书"之一，也是世界农学史上最有价值的专著之一。

4. 推荐读本：石声汉《齐民要术今释》（中华书局，2009），缪启愉《齐民要术校释》（农业出版社，1982），缪启愉、缪桂龙《齐民要术译注》（上海古籍出版社，2009）。

（六）《天工开物》：3 卷，［明］宋应星著

1. 作者：宋应星（1587－?），字长庚，江西南昌府奉新县人。

2.《天工开物》凡 3 卷，内容分上中下 3 编，细分为 18 章，插图 123 幅。该书几乎涉及当时所有工农业生产部门的技术、衣食住行，凡和人类生活有关的，几乎都包括在内。

3.《天工开物》是世界上第一部关于农业和手工业生产的综合性著作，展现了 17 世纪我国古代劳动人民在农业、手工业等方面所取得的科学技术成就，其中也融入了作者的科学创见。《天工开物》在我国乃至世界科学技术史上都占有重要地位，被

誉为"中国17世纪的工艺百科全书"。

4. 推荐读本：潘吉星《天工开物译注》（上海古籍出版社，1993）。

(七)《黄帝内经》

1. 现行《黄帝内经》18卷，分《素问》和《灵枢》两部分，每部各81篇，计162篇。《黄帝内经》内容丰富，从理论、病症、诊断、治疗到养生、针灸等都有详细的记述，中医学的整体观念、辨证论治这两个特点在《黄帝内经》中均有充分反映。《黄帝内经》创立脏腑经络学说，成功运用阴阳五行学说及整体观念对人体生理病理进行了深刻阐述，从而总结出诊断、治疗和预防疾病的规律，形成了中医学的理论基础。

2.《黄帝内经》的内容大致可归纳为养生、阴阳五行、脏象、经络、病因、病机、病证、诊法、法则、运气、针道等10个学说，是我国现存最早的较为系统而完整的医学典籍。

3. 推荐读本：《黄帝内经素问》《黄帝内经灵枢经》（人民卫生出版社，1963）。

(八)《本草纲目》：52卷，[明]李时珍

1. 作者：李时珍（1518－1593），字东璧，号濒湖，出生于蕲州东门外瓦硝坝（今湖北蕲春县蕲州镇）一户世医人家。

2.《本草纲目》52卷，内容分3个部分：第一部分是序言、

凡例、目录和附图。第二部分是序例和百病主治药。序例主要是本草历史和药学理论。"百病主治药"共列 113 个病名，每项病名下列数种以至数十种主治药物。第三部分从 5 卷到 52 卷，把 1892 种药分为 16 部 60 类，每类下有若干种所属的药物名称。李时珍对每一种药物的气味、主治、修治、发明等内容作出论述。《本草纲目》共收载了历代经验药方 11 096 个，有经方、时方，大量的是单方、验方，大大增强了《本草纲目》的实用价值。

3. 推荐读本：《本草纲目》校点本（人民卫生出版社，1982）。

（九）《吕氏春秋》：26 卷，160 篇，［战国］吕不韦等编撰

1. 作者：吕不韦，战国后期卫国人。

2.《吕氏春秋》成书于公元前 239 年。全书兼收并蓄，细大不捐，以儒、道两家思理为主，旁采名、法、墨、兵、农、阴阳诸家之长，内容涵盖政治、经济、军事、农业、外交、伦理、修身等各方面，同时还涉及天文、历法、医学、乐律、术数等，体现了吕不韦的治国纲领和施政方略，其中所构想的儒、道、法三家思想互补为用的统治政策，深刻启发了汉以后的统治者。

3. 全书的主旨在于"法天地"："上揆之天，下验之地，中审之人。若此则是非可不可无所遁矣。天曰顺，顺维生。地曰

固，固维宁。人曰信，信维听。三者咸当，无为而行。"做到顺天、固地、信人，才能使个人保身全生，国家繁荣兴盛。

4. 在本体论和宇宙论方面，认为宇宙万物都是由"精气"（或叫"太一"）、"道"构成的，提出了"类同相召，气同则合，声比则应"（《召类》）的观点，因此自然界的同类事物之间有一种客观的联系，可相互沟通吸引和感召。

5. 主张君主制："此无君之患……自上世以来，天下亡国多矣，而君道不废者，天下之利也。"（《恃君》）"王者执一，而为万物正。军必有将，所以一之也；国必有君，所以一之也；天下必有天子，所以一之也。天子必执一，所以抟之也。一则治，两则乱。"（《执一》）主张君主要处虚无为，养性葆真，"善为君者无识，其次无事"（《君守》）。"古之王者，其所为少，其所因多。因者，君术也；为者，臣道也。"（《任数》）君主要做到无识无为，首先必须自我反省，去除私欲，加强自身修养。"成其身而天下成，治其身而天下治。"（《先己》）其次要任用贤人来治国。"得贤人，国无不安，名无不荣。"（《求人》）最后还要正名审分，使群臣各尽其能，各就其职。"百官各处其职，治其事以待主，主无不安矣。以此治国，国无不利矣；以此备患，患无由至矣。"（《圜道》）

6. 推荐读本：许维遹《吕氏春秋集释》（中华书局，2009），陈奇猷《吕氏春秋校释》（学林出版社，1984），张双棣等《吕氏春秋译注》（北京大学出版社，2000）。

（十）《六祖坛经》：不分卷，［唐］慧能述，弟子法海辑录

1. 作者：慧能（638－713），俗姓卢，先世河北范阳（今涿州）人。慧能是禅宗第六代传人，世称六祖慧能。

2. 《坛经》由慧能的弟子法海记录慧能在大梵寺的说法编辑而成。该书记载了慧能一生得法传宗的事迹和启导门徒的言教，被认定为禅宗正式形成的标志。该书不但完整介绍了慧能的禅宗思想，还为禅宗的发展奠定了理论基础，是研究禅宗思想渊源的重要依据。

3. 《坛经》分序分、正宗分、流通分三部分。序分叙述慧能于大梵寺说法、法海辑记《坛经》的缘起。正宗分集中阐述了惠能独创性的禅宗学说。其一，"自性般若"的思想。"菩提般若之智，世人本自有之，只缘心迷，不能自悟"，如果心念常思善，智慧即生，"凡夫即佛，烦恼即菩提，前念迷即凡夫，后念悟即佛"。其二，定慧不二的思想。定就是禅定，慧则是由禅定而产生的智慧。只有心怀善意，口出善言，"于一切处行住坐卧，常行一直心"，"内外一如"，这才是"定慧即等"的真正的佛弟子的修行。其三，"无念为宗、无相为体、无住为本"的思想。自己的本性是无形相的智慧心性，这就是无相；要念念相续，时时记念自己的本性，而不执著于世间的万事万物，这就是无住；于自念中常常远离尘境，排除一切邪妄杂念，这就是无念。其四，坐禅"元不著心，亦不著净，亦不是不动"的思

想，就是坐禅时不要求专注一心，不要求静虑思净，不要求身体不动。其五，"无相戒"思想。"世人性本清净，万法在自性"，只要从自己的心性中消除一切不善良的思念，同时也消除一切不善良的行为，这就是受"无相戒"。慧能与弟子的答问中也阐述了许多重要的思想，真正认识自身的本性，平等地对待一切才是功德的功德思想，身中净土的思想，如何看待在家和出家的思想，"若欲修行，在家亦得，不由在寺"，真正的修行者出家和在家都是一样的。流通分叙述了慧能去世前对十弟子等的嘱咐及临终前后的情形。

4. 推荐读本：丁福保《六祖坛经笺注》，郭朋《坛经校释》（中华书局，1983）。

（十一）《老子》：又称《道德经》，上、下两篇，81 章，约 5000 言，［春秋］老聃著

1. 作者：老子姓李，名耳字聃或说字伯阳，楚（一说陈）国苦县历乡曲仁里（今河南省鹿邑县）人，是我国最伟大的思想家之一，道家学派的创始人。《老子》大约成书于春秋末年或战国初年。

2. "以道为体"的本根论。"道可道，非常道；名可名，非常名。无名，天地之始，有名，万物之母。"（1 章）"有物混成，先天地生。寂兮寥兮，独立而不改，周行而不殆，可以为天下母。"（25 章）由此可见，道是先于天地万物而存在的，亘古不

变，独立自足，运行不息是天地万物存在和发展的根源。道既
生万物，又内在于万物之中，"万物恃之以生而不辞，功成而不
有，衣养万物而不为主……以其终不自为大，故能成其大。"
（34 章）"天之道，利而不害；圣人之道，为而不争。"（81 章）
道是无私无欲的，圣人也同样无私无欲，以天道推衍人事，从
本体论、宇宙论中推导出现实的人生哲学。

3. "自然"与"无为"是《老子》的重要范畴。"人法地，
地法天，天法道，道法自然。"（25 章）老子将天道推衍到人事，
认为人类社会也应该效法天道自然的本性。由此便引出无为的
概念，顺应自然，不强做妄为。"道常无为而无不为"（37 章），
不逆自然，以达到最好的效果。

4. "贵柔主静"的人生观。"天下之至柔，驰骋天下之至
坚"（43 章），"强梁者不得其死"（42 章）。柔弱胜刚强，就必
须做到"居善地，心善渊，与善仁，言善信，正善治，事善能，
动善时"（8 章），静是柔的保障，"清静为天下正"（45 章），时
刻保持平和宁静的心态，才能体悟到道的真实面目及其运行法
则，达到安定天下以及保身长生的目的。

5. 辩证思想。老子常使用一系列矛盾的范畴来描述和阐释
天道。"天下皆知美之为美，斯恶已；皆知善之为善，斯不善
已。故有无相生，难易相成，长短相形，高下相倾，音声相和，
前后相随。"（2 章）老子在书中特别强调物极必反的现象，"反
者道之动"（40 章），"曲则全，枉则直，洼则盈，敝则新，少则

得，多则惑"（22 章），"祸兮，福之所倚；福兮，祸之所伏"（58 章）。在面对事物向自身反面转化的不可逆转性时，老子提出"不争""贵柔""守雌"的原则，立于不败之地。

6. 推荐读本：朱谦之《老子校释》（中华书局，2000），陈鼓应《老子今注今译》（商务印书馆，2003），高亨《老子正诂》（清华大学出版社，2004），任继愈《老子新译》（上海古籍出版社，1985）。

（十二）《庄子》：又称《南华经》，原 52 篇，现存 33 篇，〔战国〕庄周著

1. 作者：庄子，名周，战国时期宋国蒙人，是我国先秦时期著名的思想家、哲学家，也是道家学派的主要代表人物之一。马夷初《庄子年表》考证：庄子生于约公元前 369 年，卒于约公元前 286 年。

2. 本体论或宇宙生成论。提出"道"："夫道，于大不终，于小不遗，故万物备。广广乎其无不容也，渊渊乎其不可测也。"（《天道》）"夫道，有情有信，无为无形，可传而不可受，可得而不可见。自本自根，未有天地，自古以固存，神鬼神帝，生天生地，在太极之先而不为高，在六极之下而不为深，先天地生而不为久，长于上古而不为老。"（《大宗师》）这表明了道是无所不在而又万古长存的真实本体。道最大的功用便是化生万物，养育万物，使万物各得其所。"且道者，万物之所由也。

庶物失之者死，得之者生；为事逆之则败，顺之则成。故道之所在，圣人尊之。"（《渔父》）

3. 辩证思想。庄子特别注意对立面之间的相互共存和相互转化："彼出于是，是亦因彼。……方生方死，方死方生；方可方不可，方不可方可。""天下莫大于秋毫之末，而太山为小；莫寿于殇子，而彭祖为夭。"（《齐物论》）

4. 追求与道合一的理想人格："天地有大美而不言"（《知北游》），"无不忘也，无不有也，澹然无极而众美从之"（《刻意》）。

5. 推荐读本：陈鼓应《庄子今注今译》（中华书局，2009），钟泰《庄子发微》（上海古籍出版社，1988）。

（十三）《墨子》：现存 15 卷，53 篇。战国时期由墨子的弟子及其后学记述、整理、编纂而成

1. 作者：墨子，名翟，春秋战国之际鲁国人（一说为宋国人），墨家学派的创立者。清人孙诒让作《墨子年表》，起于公元前 468 年，迄于公元前 376 年，钱穆作《墨子年表》起于公元前 479 年，迄于公元前 381 年。

2. 《墨子》是先秦时期墨家学派的著作总集。全书内容可分为 4 个部分：（1）墨子的言行；（2）墨子的学说、思想；（3）墨家的认识论和逻辑思想；（4）守城兵法。

3. 尚俭节用、兼爱非攻的思想。"故食不可不务也，地不

可不力也，用不可不节也。"（《七患》）要强力劳动，"强必富，不强必贫；强必饱，不强必饥，……强必暖，不强必寒"（《非命》），"君子不强听治即刑政乱，贱人不强从事即才用不足"（《非乐》上），"古者圣王制为节用之法……凡足以奉给民用，则止。诸加费不加于民利者，圣王弗为"（《节用》中）。他认为厚葬久丧是"辍民之事，靡民之财"，将使"国家必贫，人民必寡，刑政必乱"（《节葬》下）。他提倡"兼爱"："视人之国若视其国，视人之家若视其家，视人之身若视其身。是故诸侯相爱则不野战，家主相爱则不相篡，人与人相爱则不相贼，君臣相爱则惠忠，父子相爱则慈孝，兄弟相爱则和调。天下之人皆相爱，强不执弱，众不劫寡，富不侮贫，贵不敖贱，诈不欺愚。凡天下祸篡怨恨，可使毋起者，以相爱生也。是以仁者誉之。"（《兼爱》中）他反对战争，主张"非攻"，战争是"夺民之用，废民之利"（《非攻》中），因而是不义的。

4. "三表法"是《墨子》在逻辑思想上的一个重要贡献。"三表"是"古者圣王之事""百姓耳目之实""国家百姓人民之利"（《非命》上），这是判断言论是非对错的标准。《经》上篇将名分为达名、类名和私名3种，还十分强调"以名举实"，名实相等，概念与对象相一致。还研究了逻辑判断的一些不同形式，如尽（全称肯定判断）、或（特称判断或选言判断）、假（假言判断）、必（必然判断）、且（特然判断）等，还论述了几种推理方式等。

5. 推荐读本：毕沅《墨子注》，孙诒让《墨子间诂》，吴毓江《墨子校注》（中华书局，2006），谭家健、孙中原《墨子今注今译》（商务印书馆，2009）。

第六讲　集部常识

一、什么叫集学

集部收录的是文学典籍，所以我们主要从文学的视角来考察集部文献。

二、集部构成

（一）诗歌

1. 诗歌是用最美的语言表达最深挚的感情，具有强烈的情感和非凡的想象。

2. 从杂言诗到五七言。古诗的起源，最早可追溯到尧舜、夏商时代。开头是以四言为主的杂言诗，有二言、三言、六言、九言的等等。汉代后，形成了五言、七言诗。

3. 从古体诗到近体诗。唐人便以严谨的格律为分界线，将按照格律创作的诗歌称为近体诗，把此前较少格律要求的诗体，称为古体诗。

近体诗分律、绝、排。律诗为 8 句，绝句为 4 句，排律没有句数限制，除首、尾两联外，中间各联均须对仗。近体诗有如下特征：①押韵；②平仄，以平声为平，以上、去、入为仄；③对仗，首尾联可不对仗，中间无论有多少联，一律必须用对仗。

4. 从唐音到宋调。唐诗多以丰神情韵见长，宋诗多以筋骨思理取胜。二者区别是：①唐音重韵，宋调重意；②唐音擅长感性思维，宋调偏重理性思维；③唐音之美是一种空灵的真。

5. 从词到曲。

①词最初用于游宴酬酢，内容多写闺阁情、伤别情、悲春秋之类，浅酌低吟，私语细声，追求细腻体察、婉转声情。

②曲是中国文学在元代绽放的又一奇葩，形式多变，不过分拘守词的严格句式，而是通过衬字，自由灵活地抒写个人的情感。散曲在体裁上分小令和套数两种。小令是散曲的基本单位，是流传于民间的小调，形式短小。套数是多种曲调互相联贯、有首有尾、组成一套的剧曲或小令除外的散曲。

（二）散文

1. 史传散文。①史传散文的语言，从奥涩的"文言"过渡到平易的"白话"；②史传散文在历史真实的基础上，展开了合理的想象；③集锦似的人物描写；④一波三折式的情节记述，使得叙述富于故事性、戏剧性。

2. 说理散文。说理散文以议论、说明为主要表达方式，目的在于论述或阐释某种道理。两汉及以后的说理散文，主要有四类：一是陈政（时事政论）；二是释经（依经立论）；三是辨史（评论历史上的共通现象）；四是诠理（说服明理）。

3. 辞赋。赋，一为铺陈之法，二为不歌而诵，有几类：①散体大赋，体式宏大，气势富赡；②骈赋，以骈偶为特征，句式整齐，多对称排偶，声韵谐美；③律赋；④文赋；⑤骚体赋，以《楚辞》为圭臬。

4. 骈文与散文。骈文，又称骈俪文，是以对偶为基本手法而形成的文体，其特征：一是四六句；二是注重对偶；三是对仗的工整和声律的铿锵；四是多用典故，形成典雅的文风。

（三）小说

1. 志怪、志人与传奇。①志怪小说在起源上，受益于神话传说。志怪小说体现魏晋南北朝时期的鬼神观念。②志人小说以记人为主，关注人物个性特征。③唐传奇的出现，标志了文言小说的文体独立。从艺术上看，一是虚构艺术化，二是构思整体化，三是人物中心化。

2. 俗讲、变文与话本。①俗讲是面向一般信众而采用的连说带唱、绘声绘色的讲经方式。②变文，因篇名带有"变文"两字而得名，内容一是佛经故事，二是以历史故事为主，将历史记述与民间传说相结合，大都首尾完备，线索清晰，情节波澜起伏，具有小说的特征。③话本，说唱艺术在两宋被称为"说话"，说话所用底本为话本，可以看作以文本形式流传的白话小说。

3讲史、神魔与世情。明清的长篇小说是在宋元"讲史"话本的基础上发展的。"讲史"话本以叙述故事为主，由文人加工而成章回小说。章回小说又分历史演义小说（如《三国演义》）、英雄传奇小说（如《水浒传》）、神魔小说（如《封神演义》）、世情小说（如《红楼梦》）。

（四）戏曲的演化

1. 戏曲的萌芽与发展。巫觋、楚国的"优孟衣冠"、宫廷歌舞、西域音乐等都是戏曲的萌芽。汉代有"百戏"，也称"角抵戏"，类似于今天的杂技。隋朝设立"七部乐"，对之前所有的乐、舞、戏、伎进行整合，并掺杂了胡乐的艺术因素；到唐代又改为"九部乐"，进而发展为"十部乐"，以此奠定了戏曲音乐系统的基础。戏曲发展的主要形式有两种：一是歌舞戏，二是参军戏。歌舞戏是在歌舞时加上说白，主要是通过唱歌跳舞来表达内容，而参军戏则是对白加上歌舞，像今天的相声。

2. 戏曲的成熟与繁荣。宋元明清的戏曲，大致可以南北划分，北方以杂剧为主，南方以传奇为主。元杂剧的出现，标志了戏曲的成熟。元杂剧最终以通俗浅直的长短句出现，错落有致，中有衬字，平仄通叶，可以雅俗共赏。南戏起源于温州，它的发展经过 4 个阶段：第一阶段只是民间歌舞的小戏；第二阶段以《张协状元》为代表，发展为大戏；第三阶段开始与北杂剧相互影响；第四阶段进入高潮，南戏的形式得到了确立。南戏发展到明代，被称为"传奇"，如《琵琶记》。

三、集部文献

（一）《楚辞》：17 卷，[战国] 屈原等著，[西汉] 刘向编辑

1. 楚辞，原本是指产生于楚地的诗歌，带有浓厚的楚地文化色彩。

2. 《楚辞》的主要代表作者屈原，是我国文学史上第一位伟大的诗人。屈原名平，字原，一般认为屈原生于公元前 340 年。屈原是《楚辞》最主要的作家，是楚辞这种诗体的开创者。《离骚》是屈原最具代表性的作品，是中国诗歌史上杰出的诗章。

3. 《天问》是最能代表屈原生平之志的作品。《九歌》是一套祭神曲，由民歌改造而来。《九章》主要叙述屈原的遭遇，表现诗人的情感。

4. 推荐读本：蒋天枢《楚辞校释》（上海古籍出版社，1989），王力《楚辞韵读》（上海古籍出版社，1989），聂石樵《楚辞新注》（上海古籍出版社，1980）、陈子展《楚辞直解》

（江苏古籍出版社，1988），董楚平《楚辞译注》（上海古籍出版社，1986）。

（二）《陶渊明集》：7卷，［东晋］陶渊明著

1. 作者：陶渊明，又名潜，字元亮，号五柳先生，私谥"靖节先生"，约生于东晋废帝太和四年（369），卒于刘宋文帝元嘉四年（427），浔阳柴桑（今江西九江市）人。

2. 陶渊明所处的时代，在思想文化上佛玄合流，儒家虽然失去了汉代独尊的地位，却也未完全消失，这造成了陶渊明思想的复杂性。

3. 陶渊明的作品现存7卷，诗歌124首，辞赋3篇，纪传赞述14篇，疏、祭文4篇。陶诗的题材主要分为五类：田园诗、咏史诗、咏怀诗、行役诗、赠答诗。《五柳先生传》是陶渊明写的自传，塑造了一个任性自得、安贫乐道的隐士形象。《归去来兮辞并序》说明了诗人出仕和辞官归田的原因。《桃花源记》虚构了一个乌托邦式的理想社会。这3篇最能体现他的性情和思想。

4. 陶渊明作品的总体艺术特征是自然。他用自然、平淡、朴质的语言写景抒情，写意传神，平易中见精粹，质朴中见华彩。

5. 推荐读本：王瑶编注的《陶渊明集》（人民文学出版社，1956），龚斌《陶渊明集校笺》（上海古籍出版社，1996），袁行

霈《陶渊明集笺注》（中华书局，2003）。

（三）《世说新语》：全书原 8 卷，梁代刘峻（孝标）注本分为 10 卷，今传本皆 3 卷

1. 作者：刘义庆（403－444），刘宋宗室，彭城（今江苏徐州）人。

2. 内容：在《世说新语》所依据的蓝本中，《魏晋世语》《名士传》《语林》和《郭子》是主要而有代表性的 4 种。今本 3 卷分为德行、言语、政事、文学、方正、雅量等 36 门，全书共 1000 多则。"德行"既保留了传统儒家的道德伦理内核，又被刘义庆等人赋予了新的含义，成为刘义庆等人在选编魏晋文人故事时对魏晋文人精神世界进行表现的途径。"言语"表示能言善辩、善于辞令。"政事"指行政事务，由以往的勤勉仁政又注入从实际出发的宽政的含义。"方正"表现儒家所强调的以善拒恶的正直不阿的品格和反映魏晋时期社会政治的深层背景。"雅量"反映道家玄学的虚无和自由人生境界的具体表现。"识鉴"既有对以往情况的总结和判断，也有对未来情况的预测和应验。"容止"表现人物品藻活动中对仪容美好者的赞美。

3. 艺术：鲁迅先生曾以"记言则玄远冷隽，记行则高简瑰奇"（《中国小说史略》）来称赞《世说新语》的艺术成就。《世说新语》描写 1500 多个人物，都能通过独特的言谈举止表现出人物的独特性格。《世说新语》是记叙逸闻隽语的笔记小说的先驱，也是后来小品文的典范，明胡应麟的"读其语言，晋人面目气韵，恍然生动，而简约玄澹，真致不穷"（《诗薮》）可谓确评。

4. 推荐读本：王利器断句、校订的影宋本《世说新语》（文学古籍刊行社，1956），余嘉锡《世说新语笺疏》（中华书局，1983），徐震堮《世说新语校笺》（中华书局，1984）。

（四）《昭明文选》

1. 作者：萧统，字德施，小字维摩，南兰陵（今江苏武进）中都里人，生于501年，卒于531年，是梁武帝萧衍长子，南朝梁文学家和文学理论家。

2. 内容：30卷，共收录作家130家，上起子夏、屈原，下迄梁代，唯不录生人。全书选录作品751篇，是我国现存最早的一部诗文编选总集。选录标准是"沉思""翰藻""雅正"。

3. 推荐读本：［唐］李善《文选注》。

（五）《文心雕龙》：10卷，50篇，［南朝梁］刘勰著

1. 作者：刘勰，字彦和，东莞莒县（今山东省日照市莒县）人，范文澜《文心雕龙注》考证刘勰的生卒年为刘宋泰始元年（465）到梁普通三年（522）。

2. 内容：是中国文学理论批评史上第一部"体大而虑周"的、具有严密体系的文学理论专著，以儒家的文艺美学思想为

基础，兼采道家观念，全面总结了齐梁以前的文学理论成果，细致地探索和论述了语言文学的审美本质及其创造、批评、鉴赏规律。全书分为"文之枢纽"的总论，"论文叙笔"的文体论，"剖情析采"的创作论，论时序、才略、知音、程器的批评论，"长怀序志"的总序。

3. 意义：《文心雕龙》"体大虑周""笼罩群言"，对文学创作、文学理论提出了很多富有卓识的见解，超越前人，至今仍有很好的借鉴意义。

4. 推荐读本：范文澜《文心雕龙注》（人民文学出版社，2006），杨明照《文心雕龙校注》（古典文学出版社，1958；中华书局，2021），《文心雕龙校注拾遗》（上海古籍出版社，1982），王利器《文心雕龙校证》（上海古籍出版社，1980），周振甫《文心雕龙注释》（人民文学出版社，1981），王元化《文心雕龙讲疏》（华东师范大学出版社，2017）。

（六）《李太白集》：30 卷，［唐］李白

1. 作者：李白（701－762），字太白，号青莲居士，生于碎叶（今吉尔吉斯斯坦托克城附近），后迁回剑南道绵州昌隆县（今四川省江油市）。

2. 内容：展现了盛唐健康昂扬的时代精神和丰富多彩的生活画卷。对生活的热爱，对理想的追求及理想落空的痛苦，是李白诗歌中反复奏响的感情旋律。

3. 艺术：语言明朗，声调和谐，意味深远，耐人咀嚼，格律工整。

4. 推荐读本：瞿蜕园、朱金城《李白集校注》（上海古籍出版社，1980），郁贤皓《李白选集》（上海古籍出版社，1990）。

(七)《杜工部集》：20 卷，〔唐〕杜甫

1. 作者：杜甫（712－770），字子美，京兆杜陵人。闻一多称他是"中国有史以来第一个大诗人，四千年文化中最庄严、最瑰丽、最永久的一道光彩"（《唐诗杂论·杜甫》）。

2. 内容：杜甫诗歌题材广泛，内容丰富，全面反映了李唐王朝盛极而衰的历史进程，反映战乱给国家和人民带来的深重灾难，被人们称为"诗史"。

3. 艺术：众体皆工，对古体、律体、绝句都有重要的贡献。杜诗风格多样，有的萧散自然，有的华丽精工，有的豪迈壮伟，有的清新秀美，千姿百态，不一而足。

4. 推荐读本：仇兆鳌《杜诗详注》25 卷（中华书局，1979），浦起龙《读杜心解》（中华书局，1961），萧涤非《杜甫诗选注》（人民文学出版社，2002）。

(八)《白香山集》：71 卷，〔唐〕白居易

1. 作者：白居易（772－846），字乐天，晚号香山居士，祖籍太原，迁居下邽（今陕西省渭南市东北），出生于河南

新郑。

2. 白居易曾把自己的诗歌分成讽喻、闲适、感伤、杂律 4 个部分，其中，讽喻诗反映他的兼济之志，闲适诗反映他的独善之义。而《长恨歌》和《琵琶行》则是他的主作，赵翼说："此即全无集，而二诗已自不朽"（《瓯北诗话》卷四）。

3. 艺术：形象优美，语言精致，格律严谨。

4. 推荐读本：朱金城《白居易集笺校》（上海古籍出版社，1988），谢思炜《白居易诗集校注》（中华书局，2006），《白居易文集校注》（中华书局，2011），严杰《白居易选集》（人民文学出版社，2001）。

（九）《韩昌黎集》

1. 作者：韩愈（768－824），字退之，唐河南河阳（今河南孟州）人，"唐宋八大家"之首。

2. 内容：韩愈发展了孟子的"养气说"并提出了著名的"气盛言宜"之说，认为"气盛则言之长短与声之高下者皆宜"（《答李翊书》），由此提出"不平则鸣"说，认为作者对现实的不平情绪是作品力量与共鸣产生的源泉。他主张"文从字顺"，规范了由口语中凝练而成的书面散体文风。韩愈的古文理论推动着古文运动前进，而其创作更是对中唐文体文风的革新起到最直接的典范作用。韩愈的赠序，大都言简意赅，别出心裁，抒发其对世态人情的感慨。韩愈的古文，或长或短，亦庄亦谐。

韩愈亦工骈文，骈文一直是他创作的常用文体类型。

3. 推荐读本：［清］方世举著，郝润华、丁俊丽整理《韩昌黎诗集编年笺注》（中华书局，2012），刘真伦、岳珍校注《韩愈文集汇校笺注》（中华书局，2010）。

（十）《柳河东集》

1. 作者：柳宗元（773－819），字子厚，祖籍河东郡（今山西运城），"唐宋八大家"之一，其诗文创作与理论推动了一代文学变革，在文学发展史上有着极其重要的地位。

2. 内容：柳宗元的散文创作内容丰富，形式多样，有论说、寓言、游记、传记等。他将文章大体分为两类："辞令褒贬，本乎著述"和"导扬讽喻，本乎比兴"。

3. 艺术：他的论说文包括哲理、政论，笔锋犀利，论证精确。他的寓言散文，短小警策，寓意深远，洞事犀利，一针见血，多以动物故事见人事纷纭，嬉笑怒骂中，写尽人生百态。作者非为山水而写山水，更是将自己的生活遭遇和心中愤懑寄托于其间，使山水人格化、情感化。

4. 推荐读本：《柳宗元集》（中华书局，1979），《柳河东集》（上海古籍出版社，2008）。

（十一）《乐章集》

1. 作者：柳永（约987－约1053），初名三变，字耆卿，后更名永，字景庄，北宋崇安（今福建武夷山）人。

2. 内容：柳永是北宋第一个专力作词的人，《乐章集》是他的词作专集。柳词多表现世俗女子对爱情大胆而直率的追求，表现风尘女子的悲喜。柳词尤工于羁旅行役，约有 60 首，占其词作近四分之一。柳永还有一部分的词作，表现了丰富多彩的都市生活和市井风情。此外还有咏柳，咏史、游仙等内容。柳永在词史上的最大贡献是大量创制慢词。

3. 艺术：柳永在词的语言表达上进行了大胆的革新，不再拘泥于晚唐五代以来文人词中过于矜持的雅丽之语，而是充分吸收民间口语和俚语入词，明白浅近，从而消弭文人词给读者带来的距离感。自他以后，长调慢词渐渐流行，而其中所采用的口语以及铺叙的手法，多为后人所接受并使用。

4. 推荐读本：高建中点校《乐章集》（上海古籍出版社，1988），姚学贤、龙建国校注《柳永词详注及集评》（中州古籍出版社，1991），薛瑞生《乐章集校注》（中华书局，1994、1997）。

(十二)《欧阳文忠公集》

1. 作者：欧阳修（1007－1072），字永叔，号醉翁，晚号六一居士，北宋庐陵永丰（今江西永丰）人。他是一位百科全书式的学者，为"唐宋八大家"之一。

2. 内容：欧阳修写了 500 余篇散文，其文众体兼备，都有很高成就。文章涉及政治、经学、历史、文学及当时社会生活等方面，包罗宏富。他一生创作了大量诗歌，也卓有成就。

3. 艺术：欧阳修是北宋诗文革新运动的领导者，他反对堆砌词藻、言之无物的时文，继承韩愈、柳宗元以来的古文传统，恪守自己"明道""致用"的主张，言辞优美，风格清新。他的词一脱诗文的庄重面目，而表现了风流蕴藉的情调，多离情别绪，摒弃了花间词的堆砌雕饰。他的《归田录》《于役志》等，开创了宋代笔记文创作的先声。

4. 推荐读本：李逸安点校《欧阳修全集》（中华书局，2001），洪本健整理校笺的《欧阳修诗文集校笺》（上海古籍出版社，2009）。

（十三）《苏东坡集》

1. 作者：苏轼（1037－1101），字子瞻，眉州眉山（今四川眉山）人，是宋代著名的文学家、学术大师和大文豪。

2. 内容：《苏东坡集》系统全面地收录了苏轼的诗、文、词等作品，内容丰富，众体皆备，散文多达 4800 多篇，诗 2700多首，词 340 多首。他主张文、道并重，要求作家"有为而作"，强调"言必中当世之过"（《凫绎先生诗集序》），认为文章内容应充实，反对"多空文而少实用"的"儒者之病"（《与王庠书》）。苏轼散文众体兼备，各具特色。

3. 艺术：文思开阔，不拘一格，笔墨简省而形象生动，章法结构灵活多变，情文并茂，气韵充沛。其诗风格清雄旷放，又兼具多姿，诗作开创"豪放"一派。

4. 推荐读本：孔凡礼点校的《苏轼诗集》（中华书局，1982），《苏轼文集》（中华书局，1986），张志烈、马德富、周裕锴主编的《苏轼全集校注》（河北人民出版社，2010）。

（十四）《陆放翁集》

1. 作者：陆游（1125－1210），字务观，号放翁，越州山阴（今浙江绍兴）人。

2. 内容：《陆放翁集》内容宏富，众体兼备，诗 9400 余首，存词 140 多首，记、铭、序、跋等各体散文 700 多篇。陆游诗歌表现忠君爱国、收复山河的爱国主题的作品价值尤高，代表陆游思想的主要倾向，也成就了陆游忧国忧民的爱国诗人的形象。陆游词分三类：爱国词、隐逸词、恋情词。陆游在散文上也颇有造诣，或论文说诗，或描述日常生活，或抒发情感。

3. 艺术：陆游诗对仗工整、章法整饬，新奇而不事雕琢，工整而不落纤巧。陆游词，激昂慷慨，飘逸高妙，杨慎评价放翁词"纤丽处似淮海，雄慨处似东坡"（《词品》）。陆游散文情韵兼胜，极具诗情画意。

4. 推荐读本：《陆放翁集》（商务印书馆，1931），《陆游集》（中华书局，1976），钱仲联、马亚中主编《陆游全集校注》（浙江教育出版社，2011）。

（十五）《稼轩长短句》

1. 作者：辛弃疾（1140－1207），原字坦夫，改字幼安，别号稼轩，山东历城（今山东济南）人。

2. 内容：辛弃疾是伟大的爱国词人，他以豪放词著称于世。辛词现存 600 首，充满着豪迈的英雄气概和热烈的爱国情怀。他的词也有不少缠绵悱恻、婉约纤丽的佳作，还有农村生活闲适悠然的写照，寄寓作者对国事的关注与忧虑。

3. 艺术：辛弃疾多数词作用典贴切恰当，引古喻今，充分有效地表达出自己的感情。他的词呈现出悲壮苍凉、沉郁顿挫的特色。

4. 推荐读本：梁启勋《稼轩词疏证》6 卷（中国书店出版社，1982），邓广铭《稼轩词编年笺注》（古典文学出版社，1957）。

（十六）《西厢记》

1. 作者：王实甫，生平不详，名德信，字实甫，一说名信，字实父，大都（今北京）人。

2. 内容：《西厢记》吸收了《蝶恋花鼓子词》同情莺莺悲剧命运的观点，借鉴了《董西厢》改负心人张生为痴情种的写法，将崔、张故事由一个始乱终弃的悲剧改为青年男女的自主婚姻战胜封建礼教的喜剧，从主题思想到人物性格都有重大突破，成为一部爱情戏的杰作。

3. 艺术：元人杂剧一般以 4 折来表现一个完整的故事，而王实甫的《西厢记》则突破一本 4 折的惯例，达 5 本 21 折。《西厢记》以莺莺、张生之间的爱情为主线，各本之间环环相扣，关目精巧，情节曲折多变，制造了成功的戏剧冲突。剧情跌宕起伏，引人入胜，因以人物性格作依据，所以没有刻意的斧凿痕迹。

4. 推荐读本：王季思校注《西厢记》（上海古籍出版社，1978）。

（十七）《窦娥冤》

1. 作者：关汉卿，身世不详，一说大都（今北京）人，或云山西解州人，或云河北祁州人。

2. 内容：《窦娥冤》从古代流传的"东海孝妇"的故事演化而来，是一出社会悲剧。剧本塑造的窦娥形象既善良又刚强，她是尽孝守节、本分善良的封建社会妇女的典型。

3. 艺术：关汉卿为本色派语言大师，他的剧作，语言不避俚俗，不雕琢藻饰。此剧的语言质朴自然，酣畅泼辣。

4. 推荐读本：张友鸾、顾肇仓选注《关汉卿杂剧选》（人民文学出版社，1963），吴晓铃等编校《关汉卿戏曲集》（中国戏剧出版社，1958）。

(十八)《牡丹亭》

1. 作者：汤显祖（1550－1616），字义仍，又字若士，号海若，晚年号茧翁，自署清远道人，江西临川人。

2. 内容：丽娘的怀春之梦、梦醒之后的寻梦、死后的魂游幽会、最终的起死回生，使《牡丹亭》充满了为争取自由幸福而抗争不息的精神力量。这种对至情的呼唤所触及的人的自然本性的满足与被扼杀之间的冲突、美好的梦想与严酷的现实之间的冲突，昭示了划时代的新主题、新观念。《牡丹亭》提倡"至情"，以情反理，崇尚个性解放，突破禁欲主义，文采绚烂，蕴藉自然，成为古代爱情戏中继《西厢记》之后影响最大、艺术成就最高的一部。

3. 艺术：《牡丹亭》也是一部优秀的诗剧，作者运用抒情的手法，细致地表现主人公的内心世界和情感变化。《牡丹亭》的语言，兼有元杂剧文采派和本色派之长，又融合六朝辞赋、五代词、晚唐诗的绮丽风格，既自然真切，又文采斑斓，同时蕴空灵含蓄之致。

4. 推荐读本：徐朔方、杨笑梅校注的《牡丹亭》（人民文学出版社，1978）。

(十九)《三国演义》，120回，[元末明初] 罗贯中著

1. 作者：罗贯中，大约生活于1315至1385年之间。其籍

贯，学术界有太原、东原、钱塘等不同的说法。

2. 内容：该书探索汉末三国盛衰隆替的历史，总结经验教训，表现在封建时代各个政治集团的争夺中，究竟什么样的人物才能图王霸业、统一天下，采取什么样的策略才能在群雄逐鹿中取得胜利，如何才能巩固政权、长治久安。

3. 艺术：《三国演义》的人物形象以其"单纯的崇高"在我国文学史上留下了一系列性格鲜明、不可磨灭的光辉典范。该书将历史著作深奥难懂的语言，改变成浅近文言，并吸收生动活泼的民间语言，形成历史演义所特有的通俗而不失典雅的语体，雅俗共赏，使之拥有更为广泛的读者。

4. 推荐读本：清初毛纶、毛宗岗父子在《李卓吾先生批评三国志》基础上修订的《三国志演义》。

(二十)《水浒传》，100 回，［元末明初］施耐庵、罗贯中编撰

1. 作者：施耐庵，明人记载多称之为钱塘人，其生活年代有南宋、宋末元初、元等多种说法。胡适、鲁迅都认为可能是托名，是乌有先生。

2. 内容：《水浒传》是中国文学史上第一部描写农民起义的小说，完整地展示一次农民起义发生、发展的过程和最终结局，在封建专制社会具有普遍意义。《水浒传》主题思想具多元融合特征：既有农民革命思想的闪光，又有市民阶层感情的渗透，最后加工者把它们联缀成鸿篇巨制时，又用忠奸斗争的思想进行了加工改造。

3. 艺术：《水浒传》结构上有小本合成的特点，其中七十一回之前的英雄传奇多为相对和完整的短篇故事，叙事方式，由一个英雄引出另一个英雄的故事，故事之间前后勾连，环环相扣，被称为串珠式线性结构。《水浒传》写人成功的经验在于：一是在比照中突现英雄的个性，将性格相近的人写得个个不同；二是能展示一些人物性格在环境制约下的发展和变化；第三，在描写人物时使传奇性与现实性结合起来，增强了作品的生活气息和真实感。《水浒传》用鲜活生动的白话叙事，通俗易懂，形象传神，民间生活气息浓郁，富有表现力。

4. 推荐读本：以容与堂本为底本的《水浒传》（人民文学出版社，1975 初版，1981 修订）。

（二十一）《西游记》，100 回，[明] 吴承恩著

1. 作者：吴承恩（约 1500－约 1582），字汝忠，号射阳山人，山阳（今江苏淮安）人。

2. 内容：《西游记》被认为是我国小说史上由世代累积型小说向文人独立创作小说过渡的作品。《西游记》由三部分构成：前七回为第一部分，写孙悟空的来历，第八至十二回为第二部分，写唐僧取经的缘起，第十三至一百回为第三部分，写唐僧师徒四人历经千难万险，到西天取经，终成"正果"。

3. 艺术：亦真亦幻、寓庄于谐是《西游记》的重要艺术特

征。《西游记》高度的艺术成就就表现在它构筑了一个变幻奇诡而又真实生动的神话世界。形象塑造的艺术取得了很高的成就，对取经四众的形象塑造已经超越了类型化的限制，而具有个性化的特征。《西游记》的语言艺术也取得了很高的成就，形成了通俗、风趣、诙谐的语言风格。

4. 推荐读本：以世德堂本为底本的《西游记》（人民文学出版社，2010）。

（二十二）《红楼梦》，120 回，［清］曹雪芹、高鹗著

1. 作者：曹雪芹，名霑，字梦阮，号雪芹，又号芹圃、芹溪，祖籍辽阳，先世原是汉人，明末入满洲籍，属满洲正白旗，生于大约 1715 年，卒于大约 1762 年，享年大约 40 来岁。

2. 内容：《红楼梦》写一个贵族之家由盛而衰的全过程，以家庭日常生活为表现对象，以儿女之情、人情世故为描写中心，又因为贾府的社会地位和生存方式，而上及朝廷后宫、高官贵族，下及市井寒微、农村佃户，反映的生活面极为广阔，广泛而深刻地反映了封建末世尖锐复杂的矛盾冲突和封建文化千疮百孔的弊病，从而客观上揭示了封建社会走向没落的历史趋势。

3. 艺术：《红楼梦》内涵之丰富，为古今小说之最。《红楼梦》巨大的艺术成就，突出地表现在人物形象的塑造上。小说中有名有姓的人物多达 480 多人，作者以细腻的笔触展现了生活本身所固有的生动性、丰富性和复杂性。

4. 推荐读本：以庚辰本为底本的《红楼梦》（人民文学出版社，1982），《红楼梦》三家评本（上海古籍出版社，1988）。

（二十三）《儒林外史》，56 回，［清］吴敬梓著

1. 作者：吴敬梓（1701－1754），字敏轩，号粒民，移家南京后自号秦淮寓客，晚年自称文木老人，清代安徽全椒人。

2. 内容：《儒林外史》假托明代故事，其实小说展示的是吴敬梓生活那个时代即清代中叶 18 世纪的社会风俗画，以文人的生活和精神状态为主要题材，对封建制度下文人的生存和命运以及相关的社会问题进行了深刻的思考和探索。全书分为 3 个部分：第一部分，2－30 回，主要描写科举制度下的文人图谱。31－46 回为第二部分，是理想文士的探求。第三部分，47－54 回，描写真儒明贤的理想在现实生活中的彻底破灭，社会风气更加恶劣。

3. 艺术：《儒林外史》是中国讽刺小说的典范之作，作为讽刺小说的现实主义杰作，同时是抒情之作，写人艺术极高。

4. 推荐读本：李汉秋《儒林外史汇校汇评本》（上海古籍出版社，2010），《儒林外史》（中华书局、上海古籍出版社，1984）。

第七讲　宗教文化

一、什么叫宗教

宗教是一种社会意识形态和社会历史文化现象，是对客观世界的一种虚幻的反映，是感到不能掌握自己命运的人们面对自然社会和人生时的自我意识或自我感觉，因而祈求某种超越的力量作为命运的依托和精神归宿。其特点是相信在现实世界之外还存在着超自然、超人间的神秘力量和实体，认为这种神秘力量具有绝对权威。

这种神秘力量主宰着自然和社会，决定着人的命运与福祸，因而使人们对之产生敬畏和崇拜的情感心境，并形成相应的信仰体认及礼仪活动，信仰上帝、神、道等，把希望寄托于所谓天国或来世。

宗教产生于史前社会的后期，最初的宗教形式，称为自然宗教，如原始拜物教、图腾崇拜、祖先崇拜等。宗教随着历史的发展而演进，由拜物教到多神教、一神教，由氏族图腾崇拜到民族神和民族宗教，最后又出现了世界性的宗教。至 20 世纪 90 年代，主要的世界性宗教有佛教、基督教、伊斯兰教等。有些国家还保有民族宗教，如日本的神道教、印度的印度教等。

在中国，源自远古社会的宗教崇拜活动形成了绵延千年的宗法性传统宗教。佛教于公元 1 世纪由印度经西域传入中国。道教为中国本土宗教，其社会组织形态约于 2 世纪开始出现。基督教在华历史可追溯到 7 世纪时景教的传入。伊斯兰教在唐宋之际以陆海两路传入中国，随后逐渐在回、维吾尔等十几个少数民族中扎下根来。摩尼教于隋唐时期传入中国，后演化为秘密宗教。犹太教于唐前后传入中国，现已不复存在。

在整个人类社会政治实践和文化知识活动中，宗教一直是其重要组成部分。

二、世界主要宗教

1. 佛教

世界三大宗教（另两个为基督教、伊斯兰教）之一，相传为公元前 6 世纪到前 5 世纪古印度的迦毗罗卫国（今尼泊尔境内）王子悉达多·乔答摩（即释迦牟尼）所创，是当时反婆罗门的思潮之一，以无常和缘起思想反对婆罗门的梵天创世说，以众生平等思想反对婆罗门的种姓制度，因此，很快得到流行。基本教理有四谛、五蕴、十二因缘等，主张依经、律、论三藏，修持戒、定、慧三学，以断除烦恼而成佛为最终目的。佛教在古印度的发展有几个阶段：最初释迦牟尼自己所说的教义为原始佛教；其后至公元前4世纪左右，发生分裂，形成部派佛教（上座部和大众部等）；1－2世纪间，从部派佛教大众部中产生了大乘佛教（它把以前的佛教称为小乘佛教）；7世纪后，大乘佛教的一部分派别与婆罗门教互相调和，又产生了大乘密教。印度本土佛教在9世纪前后渐趋衰微，13世纪初归于消灭，19世纪后始渐复兴，20世纪中叶起，特别在群众中得到发展。

2. 基督教

世界三大宗教之一，包括天主教、正教、新教以及一些较小派别。公元1世纪起源于巴勒斯坦，相传为耶稣所创立。信仰上帝创造并主宰世界，认为人类从始祖起就犯了罪，即原罪，并将永世受苦（见《创世记》），只有信仰上帝及其独生子耶稣基督才能得救。以《旧约全书》（承继自犹太教的经典）、《新约全书》为圣经。4世纪，罗马帝国定其为国教。1054年，基督教分裂为东西两派，形成正教和罗马公教（即天主教）。16世纪，天主教内发生反对教皇制统治的宗教改革运动，陆续产生一些脱离天主教的新宗派，统称为"新教"。后新教不断分化，派系日繁。新教各宗派至1807年起陆续传入中国。

3. 伊斯兰教

世界三大宗教之一。阿拉伯半岛麦加人穆罕默德于公元610年所创传的神教，其信徒被称为穆斯林。8世纪初成为地跨欧、

亚、非三洲的世界性宗教。其教义主要有：信仰安拉是唯一的
神，穆罕默德是安拉的使者，信天使，信《古兰经》是安拉
"启示"的经典，信世间一切事物都是安拉的"前定"，并信仰
死后复活、末日审判等。该教规定念清真言、礼拜、斋戒、纳
天课、朝觐等为教徒必遵的"功课"，并针对当时阿拉伯社会情
况规定了若干制度和道德规范。主要节日有开斋节和古尔邦节。
主要教派有逊尼和什叶两派。

三、中国佛教

（一）佛教的传入及中国化

1. 佛教传入中国有两种说法

一种说法是汉哀帝元寿元年（前2），大月氏王使臣伊存向
中国博士弟子景卢口授《浮屠经》，此说源自裴松之注《三国
志》中所引用的鱼豢《魏略·西戎传》。另一种说法是汉明帝夜
梦金人，遂遣使求法，此说法最早见于牟融所著的《牟子理惑
论》和《四十二章经序》。

2. 佛教在魏晋南北朝时期的发展

从两汉之交到东汉末年，是佛教在汉地初步传播的时期，
其间佛教经历了各种曲折和反复，终于在中国特定文化背景中
得以立足。

魏晋南北朝时期，佛教发展的特点主要体现在以下几个方

面：一是佛教的翻译，在质和量方面均大大超越从前；二是佛教中国化趋向明显；三是佛教僧团众多，且组织越来越严密。据唐代法琳《辨正论》记载，南朝萧梁时期，佛教寺院有 2800余所，僧尼 82 000 余人。在北朝，据《魏书·释老志》记载，至东魏末年，境内寺院多达 3 万余所。据《开元释教录》记载，南北朝共译出佛经 750 部 1750 卷。总体而言，南朝的佛教崇尚"义学"，偏重于佛教理论的阐发；北朝的佛教盛行"禅学"，偏重于实践修行。

3. 佛教在隋唐时期的发展

隋唐时期是印度佛教中国化的重要时期，也是中国佛教发展的鼎盛期和成熟期。中国化佛教宗派逐渐形成，各自创立了庞大的理论体系，并深入士大夫阶层，进而左右当时的社会思潮。隋唐时期共译出佛典 372 部，2159 卷，印度大乘佛教的要点基本都翻译过来了。隋唐时期佛教的高度繁荣表现在佛教的中国化或本土化，具体表现在：一是寺院经济的高度发展，"十分天下之财而佛有七八"；二是具有中国本土风格的佛教宗派相继出现，先后形成了天台宗、华严宗（贤首宗）、禅宗等重要的佛教宗派；三是佛教造像艺术和佛教音乐的中国化、民族化。

（1）天台宗。天台宗创教于隋代，盛于唐代，中唐以后，渐趋衰弱，到宋代又"复兴"。其创始人为慧思的弟子智颉（538—597），这一派以天台山为中心，以《法华经》为其理论来源，吸收了龙树菩萨大乘中观思想。智颉的代表作是《法华经文句》

《法华玄义》《摩诃止观》。天台宗倡导所谓的"止观法"，"止"就是"定"，就是坐禅，"观"就是"慧"，就是领悟佛理，即通过止息散心，观想简择，获得般若智慧。智颛所说的"止观"，乃将它升华为佛教解脱的根本途径，甚至概括成佛教的全体。

（2）华严宗。这一佛教宗派因以《华严经》为立宗的经典，故称为华严宗。由杜顺开其端，智俨承其绪，法藏总其成，澄观博其综，宗密延其脉。

（3）禅宗。禅宗的真正开创者是慧能（638－713），禅宗的思想主要反映在慧能弟子所编的语录《坛经》中。

第一，"佛性"说。慧能认为一切众生皆有佛性，都具有成佛的条件。慧能说："佛向性中作，莫向身外求。自性迷即是众生，自性悟即是佛。"

第二，顿悟成佛说，他们认为佛的智慧在每个人自己心中，即"佛知见者，只汝自心，更无别佛"（《坛经》），修行不一定要在寺庙里，在家也可以修行。

第三，"无念"说，禅宗的根本理念和实践是"无念为宗，无相为体，无住为本"。面对世俗世界却不受制于世俗世界。

4. 佛教在宋元明清时期的发展

（1）"三教合一"。契嵩禅师是活跃于宋仁宗时代的禅宗云门宗的著名僧侣。他一生著述百余卷，60余万字，其中最能反映他思想特色的是《辅教编》3卷，其主要特色是"三教合一"论，所谓"三教合一"是指儒、释、道三教的调和、融合、统一。

（2）"忠义之心"说。两宋之际的禅宗代表人物大慧宗杲提出"忠义之心"说。他宣称："予虽学佛者，然爱君忧国之心与忠义士大夫等，但力所不能而年运往矣。"（《大慧语录》卷24）。他把学佛与忠君并论，把禅教的菩提心与儒家的忠义心并提。

（3）明朝建立之初，推崇理学，强化专制思想统治，对佛教控制益趋严格。只是至中叶以后，禅风稍盛，颇有中兴之景。这一时期著名的禅僧有楚石梵琦、密云圆悟、汉月法藏、无明慧经等人。明太祖朱元璋曾令天下寺院为禅、讲、教三类，严格要求各类寺僧分别专业，不得混滥，便于管理，防止滋事生非。明朝神宗万历时期，佛教界出现四大高僧，他们是云栖袾宏、紫柏真可、憨山德清、藕益智旭。他们主张佛教内部的调和融合，提倡净土归向，他们的思想反映了明末佛教的基本面貌。

（4）清世祖顺治帝在他执政的一生中，与佛教禅宗结下不解之缘。世祖一生好佛，因董鄂妃去世，逃禅之说顺理成章，最终因他人劝阻而出家未成。清世宗雍正博通群书，深明禅学，常与禅僧往来，以禅门宗匠自居，自号"圆明居士"。清初禅宗五家中唯有临济、曹洞尚存一息命脉，而临济又略胜曹洞，在清初统治者挑动下，两家之间以及临济内部展开了长期的派系之争。争论主要有：一为《五灯严统》之争；二为善权寺常住之争；三为圆悟与法藏之争，临济宗下天童圆悟与汉月法藏虽是师徒关系，但缺乏师徒情谊。这场争论在雍正帝直接干预下告终，法藏一系不仅被打入另册，永不再入祖庭，而且其著述被焚，其子孙不许说法。明清时期，禅宗史学继承了宋代"灯录"撰写的传统，有不少的"灯录"问世，如明朝居顶《续传灯录》36 卷，明朝瞿汝稷的《水月斋指月录》，清代通问的《续灯存稿》12 卷。还有禅宗史著作，明朝如巹的《禅宗正脉》10 卷，清朝本晳的《宗门宝积录》93 卷等。还有禅宗语录专集，如道忞编《密云禅师语录》13 卷，弘储编《汉月藏禅师语录》16 卷等。

（二）佛教的教义

1. 佛教的世界观

（1）世界的本质是空，一切事物都是运动和变化的。原始佛教把这种包括人在内的世间所有事物都不会永恒存在的状态称之为"空"，并不等于它的字面意义那样表示什么都没有，所谓"空"多是从现在的东西将来不会存在，或以前存在的东西现在不存在的角度来讲的。但"空"也不是相对的虚无，它是事物不断变化的状态或本性，人们关于事物的观念在本质上不具有完全的真理性，是幻，是"空"。

（2）无神。世界并非神所创造，而是世界创造了神。释迦牟尼发现宇宙万物都是沿着缘起的规律兴衰成败，并非由神主宰决定。这种"无神"与唯物主义的无神论并不一样，佛教虽然认为宇宙之间没有主宰神，但是却并不否认在冥冥之中有鬼神存在。

（3）轮回：众生的宿命。佛教认为人的形体随时可能消亡，但灵魂永存，会在六道中不断轮回转世。六道是：天道（长寿而没有烦恼）、阿修罗道（福极大，寿命长）、人道（受到许多痛苦，胎生）、畜生道（愚蠢忍受寒热和饥渴）、饿鬼道（无食物饮料）、地狱道（受苦极可怕）。

（4）涅槃。涅槃就是解脱，佛教徒追求的终极目标。要使人最终解脱痛苦和烦恼，就必须熄灭人的欲望。要达到涅槃的极乐境界，就一定要出家过禁欲的生活。

（5）佛性。天下众生都有佛性，只要诚心修炼去除烦恼都可以成佛。

2. 佛教的方法论

（1）中道。凡事不要极端，佛教认为极端的苦与极端的乐都是偏执的表现，都不会使人得到幸福。要使人摆脱痛苦，只能苦中作乐。

（2）无记。无记是指一种态度，具体是指佛对一些难以回答的问题，不作简单的肯定或者否定回答，而是先搁置起来的态度。

3. 佛教的伦理思想

（1）卑贱生贤达。人人生而平等，佛教反对婆罗门教的种姓观点，认为众生生来就是平等的，《别译杂阿含经》说："不应问生处，宜问其所行。微木能生火，卑贱生贤达。"认为众生都具有获得平等的机会和可能性，不过这种平等是有限的平等。

（2）克己。克己表现了佛教对人们的思想和行为的要求，要克制自己，就是克制自己的欲望、行为、意识，要去除贪、嗔、痴三毒，要有戒（佛教的戒律要遵守）、定（约束自己的行为和意念）、慧（彻底消灭欲望，具有飞升涅槃境界的能力和智慧）三学。

（3）佛教伦理中的善与恶。要求信徒不杀生，不偷盗，不淫邪，不说谎，不自私，怀有一颗慈悲的利他之心。还要求出家人不能结婚，也不能接触异性，把极端禁欲看成是善的。

4. 佛教的"四谛"说

"四谛"说是佛教的基本教义，苦、集二谛说明人生的真相及其形成的原因；灭、道二谛为人生指明解脱的归宿和解脱的道路。"谛"是真理、实在的意思。

（1）苦谛。佛教认为社会人生的本质是"苦"，并将这一判断视为真理。《增一阿含经·四谛品》曰："所谓苦谛者，生苦，老苦，病苦，死苦，忧悲恼苦、怨憎会苦，恩爱别离苦，所欲不得苦，取要言之，五盛阴苦"。以"苦"为社会人生的真谛使佛教染上悲观厌世的思想情绪，从消极方面看待社会人生的不幸，并将人生的痛苦绝对化，反映了原始佛教在认识上的偏颇。

（2）集谛。这是说明人生及诸苦的原因，其理论如下：

A. "五阴聚合"说。佛教认为宇宙一切事物和现象是由多种因素集合而成。五阴（又译为五蕴）包括色、受、想、行、识。"五阴"中的后四阴，即"非色四阴"，简称为名，五阴合而言之就是"名色"。

B. "十二因缘"说。"缘起"论是原始佛教的重要理论，被用来解释人生和世间现象的发生和变化，"十二因缘"便是用"缘起"说解释人生的本质和生命的流转过程。十二因缘是：无明、行、识、名色、六处、触、受、爱、取、有、生、死。

C. "业报轮回"说。所谓善有善报，恶有恶报，是什么样的业就会有什么样的报，这是必然法则，有情众生按照这个法则流转在"三界""六道"当中。"三界"即"欲界""色界""无色界"，是佛教根据禅修的程度对世俗世界的划分。"六道"即天道、阿修罗道、人道、畜生道、饿鬼道、地狱道，修善行者将轮回到天、人等三善道，修恶行者则会坠入畜生等三恶道。佛教以这种形式来解释人生的差别和社会不平等的根源。

（3）灭谛。这是提出佛教修行要达到出世间之目的，即"涅槃"。"涅槃"就是"寂灭"的意思，指消灭了一切烦恼，超越时空超越生死。"涅槃"乃是彻底解脱，不再经历生死苦难。佛教特别强调"涅槃"的重要性和必要性，为了达到这种状态必须经过艰苦的修行，且要有正确的途径和修行方法。

（4）道谛。这是达到"涅槃"的正确方法和途径，早期佛教所总结的解脱之道为"八正道"，包括正见、正思、正语、正业、正命、正精进、正念、正定。正见，即对佛教四谛的正确认识；正思，即对四谛教义的正确思维；正语，语言符合佛教规范；正业，即正当的行为，符合佛教规范；正命，即正当的生活，符合佛门的戒律；正精进，即正确地勤修趋于涅槃的道法；正念，即忆念四谛的佛教真理；正定，即专心修习佛教禅定。

（三）中国佛教的影响

1. 中国佛教对文艺的影响

（1）对文学的影响。禅对诗的渗透主要表现在以禅入诗和以禅喻诗，如唐代王维的《鹿柴》："空山不见人，但闻人语响。返景入深林，复照青苔上。"诗中以"空山""人语"的艺术意象表现了禅宗清净虑空的境界。严羽受到禅宗的启发，在《沧浪诗话》中提出"妙悟"说，"大抵禅道惟在妙悟，诗道亦在妙悟"，把对于禅道的领悟力引申到对于诗歌的艺术表现力上。

（2）对于绘画的影响。绘画中出现大量的佛教题材，佛像画和佛经故事画往往出于一些专业画家之手。曹不兴被称为中国佛像画的祖师，顾恺之所画的维摩诘壁画是瓦棺寺的一绝。唐代，壁画成为绘画艺术的主流，敦画壁画是其典范，大量的壁画表现唐代的生产活动、社会风俗、生活场景等。

（3）对雕塑艺术的影响。中国古代的雕塑艺术与佛教的联系极为紧密，如石窟佛像雕塑，现存后赵时期的全铜坐佛像是我国有明确纪年的最早的佛像。隋唐时期我国雕塑艺术成就辉煌，龙门奉先寺的大型摩崖像龛，包括卢舍那佛及弟子、菩萨、罗汉、天王、力士等 11 尊巨像都是雕塑精品。

2. 中国佛教对民间信仰的影响

（1）观世音菩萨信仰。观世音菩萨能救苦救难，包括自然灾害、社会性苦难、个人情欲之类以及想象中的鬼怪之害。观世音菩萨还会送子，迎合世人生儿育女的心理愿望。

（2）弥勒菩萨信仰。弥勒信仰的主要内容之一是虚构美妙的"兜率天"净土，以迎合佛教徒求生天堂，达到摆脱苦难的心理需求。二是编造弥勒下降人间成佛，建立光明圆满佛国的神话，以吸引广大信徒寄希望于虚无缥缈的未来。

3. 中国佛教对建筑艺术的影响

佛教的传入，对中国的建筑产生了重要的影响，形成了独特的中国佛教建筑艺术。其建筑基本上采取中国传统的院落式布局，在一个南北轴线上，布置一座座殿堂，周围以廊庑及楼阁围绕起来，往往第三或第四个殿堂是主体建筑大雄宝殿。佛教的传入对中国建筑的影响，另一个方面是出现了大量石窟寺的开凿，如敦煌千佛崖的石窟寺、山西大同的云冈石窟等。佛塔又是中国佛教建筑中的一个特殊类型。

4. 中国佛教对风俗的影响

（1）名目繁多的佛教节日，极大地影响了我国的民间风俗。如将释迦牟尼纪念日与腊月祭祀统一起来，还有二月十九是观音菩萨诞辰，二月二十一是普贤菩萨诞辰，四月初四是文殊菩萨诞辰，七月三十是地藏菩萨诞辰。还有七月十五的中元节，《盂兰盆经》说七月十五日举行"盂兰盆会"，以百味饮食供奉十方自恣僧，可使现生父母和七世父母得以解脱苦海。

（2）佛教的因果报应、轮回转世的学说与中国原有的鬼神观念相结合，影响了中国民间的生命观和丧葬礼俗。比如，请僧人诵经超度，举行水陆法会，为一切水陆生物供奉斋食等。

四、中国本土宗教——道教

（一）什么叫道教

道教是我国本土宗教，东汉时形成，到南北朝时盛行起来。道教奉老子为教祖，尊称他为"太上老君"。道教用神仙不死之"道"来教化信仰者，劝人们通过修炼和道德品行的修养而长生成仙，最终解脱死亡，求得永恒归宿。道教徒尊称创立者之一张道陵为天师，因而又叫"天师道"，后又分化为许多派别。道教作为一个开放的宗教信仰体系，深深地扎根于中华民族优秀传统文化的土壤中，迨至今日，道教依旧在中国人的民族性、生活习俗与文化基因中占据着极其重要的地位。

"道教是什么？所谓道教，是中国母系氏族社会自发的原始宗教在演变过程中，综合迸流传下来的巫术禁忌、鬼神祭祀、民间信仰、神话传说、各类方技术数，以道家黄老之学为旗帜和理论支柱，杂取儒家、墨家、阴阳家、养生家等诸家学说中的自我修养思想、宗教信仰成分和伦理观念，在度世救人、长生成仙进而追求体道合真的总目标下神学化、方术化为多层次的宗教体系。它是在汉代特定社会历史条件下，汲取佛教的宗教形式，逐步发展而成的具有中国传统的民众文化特色的宗教。"（牟钟鉴等《道教通论——兼论道家学说》，齐鲁书社，1991，第50页）

（二）道教的形成

1. 道教形成的原因

（1）秦汉以来中国思想文化运动的进程为道教的形成奠定了基础。

（2）大一统的封建专制帝国对人民统治的政治需要是道教产生的根本原因。

（3）生活在东汉末年的劳苦民众遇到了比自然力量更强大的社会异己力量的压迫，陷入无法忍受的苦难之中，由迫切解除苦难的愿望而产生了强烈的宗教需求。

（4）佛教的传入刺激了道教的建立并影响了道教的组织形式。

（5）方仙道的活动为道教的产生开辟了道路。

2. 道教的形成

东汉顺帝以前是道教产生的准备阶段，在这个阶段的前驱道教形式，就是战国末期形成的方仙道，进而是东汉时期的黄老道。东汉时方士以清净无为的黄老之术为修炼思想，方仙道遂变为黄老道。黄老道奉太上老君为教主，祭祀黄老以求长生之福。黄老道以长生养性之术解《老子》，有《老子河上公章句》等道典传世，《太平经》亦是黄老道的经典之一。从东汉顺帝至东汉末年为道教的始创阶段。

张角，原本归宗为黄老道徒，其后受《太平经》的影响，带领他的信众在今华北一带创立了太平道，成为后世道教的策源力量之一。张陵，又称张道陵，于顺帝汉安元年（142）在成都鹤鸣山设立道场，"受封于太上老君"，称天师之位，创立了天师道。五斗米道则为巴蜀巫觋张修所创。天师道和五斗米道经过不断发展，成为中国后世道教的正宗。

（三）道教的发展

1. 东晋南北朝道教

东晋南北朝是中国道教发展史上重要的转折阶段，使道教从早期原始幼稚的民间宗教逐渐演变为比较成熟的官方正统宗教。中国道教虽形成于东汉，但基本格局的奠定，实完成于魏晋南北朝。

（1）道教新经典的制作。道教新经典的制作与传播是东晋南北朝道教变革的开端，主要有《三皇经》《灵宝经》和《上清经》这三组经典，此即道教称谓的"三洞真经"。其主要内容是篆书符箓、草木药方、神仙方术等。

（2）南北朝著名道士及道派。有寇谦之（365－448）与北魏新天师道，陆修静（406－477）与灵宝派，陶弘景（456－536）与上清派，梁谌与楼观道等。

2. 唐宋道教

（1）唐宋崇道。唐宋时期的统治者将道教视为国家必不可缺的三教之一，帝王们为求得长生和巩固统治大都实行尊崇道教的政策。唐自开国以来，所造宫观约 1900 余所，所度道士计 1.5 万余人。

（2）唐宋道教理论的发展。

①无为派的理论：

孙思邈提出总体养生术；成玄英为道教的修仙提供了理论根据，论述了"重玄之道"学说，提出长生不死之法；司马承祯阐发了老庄一派的修行方法；吴筠进一步阐发了无为派的修仙理论，其理论以老庄的清虚无为为主，表现了儒道合流的倾向；杜光庭（850－933）的内炼理论似乎是由老庄的无为法向内丹有为法的过渡；五代道士谭峭所著《化书》基本属老庄无为派，但从其"龙化虎变""纯阳流注"等字眼看，亦具有一定的有为派内丹理论色彩。

②以有为求无为派的理论：

唐末五代和宋代是"有为派"的内丹学大发展的时期。施肩吾撰《钟吕传道集》也反映了钟离权和吕岩二人的思想，以天人合一思想为理论基础，从阴阳、四时、五行的运行规律引申出内丹功法。张伯端（984－1082）著《悟真篇》认为炼丹过程是一个逆行的有为过程。张伯端将其丹法传石泰，石泰传薛道光，薛道光传陈楠，陈楠传白玉蟾（1194－1229），这五人被后来的全真道奉为南五祖。

3. 金元道教

金元250余年间，在适宜的历史、文化条件下，道教进入了一个新的发展阶段。

（1）新教派应运而起。金初河北三大新道派中，太一教最先出现，成立于1138年，执掌者有萧抱珍、韩道熙（1156－?）、萧志冲（1151－1216）等。刘德仁（1122－1180）于1142年创立大道教。王喆（1113－1169）于1159年创立全真道，卒后由弟子马钰（1123－1183）掌教。正一、上清、灵宝三大传统符箓道派，皆主要流传于江南，分别以江西龙虎山、江苏茅山、江西阁皂山为传播中心，称"三山符箓"。还有刘玉（1257－1308）创立的儒道合一的"净明忠孝道"。

（2）教派理论。全真道士留下不少内丹撰述，如王喆的《金关玉锁诀》、郝大通的《金丹诗》、丘处机的《大丹直指》、元代李道纯的《中和集》、陈致虚的《金丹大要》、萧廷芝的《金丹大成》等，更总结了南北二宗丹法，使内丹理论进一步系统化，趋于成熟。灵宝派道士编有《济度金书》等斋仪全书。上清派道士杜道坚撰有《道德原旨发挥》《道德玄经原旨》释《老子》。宋元间正一派名道士雷思齐（1231－1303）所撰《易图通变》《易筮通变》对易学有独特见解。在道教文史方面有上清派刘大彬《茅山志》，张雨《寻山志》《玄品录》《高道传》及《外史山世集》等。净明道第四代宗师徐慧（1291－1350）编辑净明忠孝道祖师传记，神降法语及刘玉、黄元吉语录为《净明忠孝全书》6卷。

4．明清道教

（1）明清两代五百余年间，是道教从停滞走向衰颓的时期，教派分化基本停止，教义学说无甚发展，教团的腐化及社会地位贬降，社会人士对道教失信。

（2）明朝统治者对道教相当尊崇，太祖以后诸帝，尤多迷信扶乩、丹药、房中术，而清朝十二帝，无一深信道教者，失去统治者扶植的道教更趋衰微。

（3）教派：正一道独受明室青睐，正一天师便成为道教各派的总领袖和代表，一直相沿至近代。从清乾隆起，正一派的政治地位大大降低。明初，官方分道教为全真、正一两派，明太祖扬正一而抑全真。张三丰属全真派系，但张三丰身后形成了以他为祖师，不同于传统全真道的新道派，有"自然派""邋遢派""隐仙派"等。全真派正宗，约从元代起，王喆七大弟子门下便各成一派，自明代，皆较消沉。全真七派中以丘处机所开龙门派势力最大。到清初，在王常月（1522－1680）活动下，沉寂200多年之久的全真龙门派，出现了中兴景象。

（4）教派理论。正一道张宇初撰有《道门十规》以图整饬道教，提出道士应遵守的十条法规。赵宜真（？－1382）撰有《原阳子法语》《灵宝归空诀》等。清末李西月编辑的《三丰全书·道派》，论述全真派张三丰的道统。张三丰还著有《金丹直指》《金丹秘诀》各1卷。汪锡龄辑《三丰祖师全集》、李西月编成《三丰先生全集》8卷，可看作明代流传的张三丰著述。陆西星（1520－1601）撰有内丹书十余种，辑为《方壶外史》刊行，又著有《南华副墨》8卷释《庄子》，以及《楞严经说略》《楞严经述旨》《楞伽经句义通说》等佛学著作。

明清两代，道教教义无甚发展，而内丹学方面却取得很大成就。王道渊著有《入药镜注解》《阴符经注》《青天歌注》等6种，陆西星对传统丹经《参同》《悟真》《入药镜》等的注疏，伍守阳的《仙佛合宗语录》，谢凝素的《慧命经》《金仙证论》，刘一明的《修真辨感》，闵一得的《古书隐楼藏书》，傅金铨的《道书十七种》，清末贺龙骧辑《女丹合编》收书17种等，对内炼理论、方法均不无发展，且多以通俗、明朗为特点，便于走向社会。

（四）道教教义与教规

1. 道教的基本教义

（1）道教的道与德。道教将"道"视为其终极信仰，同时也是外修身形、内修心性的根本法则。作为个人修炼根本指引的"道"同时也是宇宙大化、世间往来的最终根据。

悟道修德，是一种道德上的自律模式。道教相信"修善得福为恶得罪""修善者福至，为恶者祸来""积修功德，谦让行仁义，柔弱行诸善，清正无为，初虽勤苦，终以受福""不犯恶，善积行者，与道法相应，受福无极"。如果两宋之前的"修道成仙"主要在于自我精神的超脱，两宋后的道教则进入了更为理性化的时代。

（2）道教的彼岸世界。道教徒修炼的最终目的是得道成仙，实现长生不死，生活在快乐的世界里，是此岸生命获得自由、幸福及永恒，人生的价值和意义在此岸世界，而非彼岸世界。道教的彼岸世界有三十六洞天和七十二福地，三十六洞天是神仙居住的地方，修道者跳出三界（欲界，色界，无色界），到三界之外才能超脱劫运和轮回。

2. 道教的基本教规

道教有五戒、八戒、初真十戒、元始天尊二十七戒、九十戒、一百二十九戒、三百戒等，道教的清规戒律累计多达上千条，其宗旨一方面是要求入道者自我约束身心，以做到一心向道，另一方面，通过修养提升道德情操和精神境界。

（五）道教基本内涵及其特征

道教就是"因道立教"，在这一宏观形态下所昭示出来的宗教内涵则主要表现为"修道成仙"的核心追求，以及"人神互通""与道合一"的宗教特征。

1. "修道成仙"的核心信仰

道教神仙信仰的核心范畴是所谓长生不死之道。人的生命与此种不死之道合而为一即可如神仙般长生，正如《太上老君内观经》所说："道不可见，因生以明之；生不可常，用道以守之。若生亡则道废，道废则生亡。生道合一，则长生不死，羽化神仙。"

道教开始由追求肉体长生不死，逐渐转向追求精神长存，修炼的方法逐渐由外丹转向内丹，以致在宋元以后最终形成内丹学，追求精神不死与长存。道教表面上看起来是崇拜神仙，追求永恒，然而实质上是把人放在最核心的地位，人通过各方面的刻苦修行而成仙。仙与道是统一的，所以追求成仙的根本乃在于"与道合真"。

2. "神人互通"的宗教特性

道教的神仙思想中更能体现"神人互通"的宗教特征。道教作为一种最注重人欲的宗教，个人的生存意志自然是道教首先应该关注的，任何有突出贡献或者堪称能人异士的英雄人物都可以位列仙班。只要稍微考察道教仙真来源，就不难发现，道教大部分的仙人神灵都是真实存在过的历史人物。例如，历史上著名高道葛洪、寇谦之、陶弘景，女仙真魏华存，汉朝谋士张良，药王孙思邈等都是道教仙真体系所辑的人物。福建的妈祖就是历史上的林默娘。道教的这种神灵观念更加彰显"神人互通"的宗教特征，甚至在整个东方宗教体系中，神与人之间并没有决然分割，而是以其特有的思维模式打开了一条相互接引、彼此贯通的通道。这大概也可被视为西方宗教与东方宗教的主要差别吧。

（六）道教的养生文化

道教养生思想是其教理教义中不可或缺的重要内容，这一思想与道教形神合一的生命观、重生避死的人生观、我命在我的命理观以及天人相应的宇宙观都有着密切关系。

1. 外修身形

葛洪《抱朴子》的成书标志着中国道教金丹术的成熟，并使得食服金液丹药成为早期道教外修身形的重要修炼途径。

辟谷是道教中最古老的养生法之一，修道者根据自己的身体状况，循序渐进地减少饮食和活动量的一种既有心性修炼又有躯体健修的修炼方法。

道教历来将人看作由形、气、神三者组合而成。所谓形，即人的躯体结构；气，即人的生命结构；而神则是指人的心理结构。如果说内丹心性学的侧重点在于炼精化气，炼气化神，炼神返虚的精神修炼活动，那么道教在身形塑造与保健方面，除了上述已经提及的外丹黄白之术，还有按摩、武术、导引等健身术，还有五禽戏、八段锦为代表的导引术，以及太极拳、八卦掌等为代表的道教武术，构成了中华民族丰富多彩的身形保养之术。

2. 内修心性

除了对身体养护外，对心灵的修养也是道教养生的重要内涵。内丹学追求精神的永存，但实质上仍是祈求永恒的"自我保存"，因此，修心以见性，甚至提出"明心见性"来达至灵性健康的精神境界。道教所说的修道，首先是要在人的内在精神世界中确立少私寡欲、恭廉无争的观念，通过提倡道德修养而促进人们自觉地追求心性开悟、形神俱妙的精神境界。道教的这种成仙不是指肉体的不死，而是指精神的超越，是精神上的成圣、成仙，是精神上的空明状态。道教内丹学为人类精神世界的成长与发展探索出一条积极的道路，为人体生命科学和认知心理科学留下了宝贵的遗产。

（七）道教文化的影响

1. 道教对文学艺术的影响

道教成就了一大批极富道教色彩的文艺作品与文学艺术家。如东汉末年《古诗十九首》中的"人生忽如寄，寿无金石固。不如饮美酒，被服纨与素""生年不满百，常怀千岁忧。昼短苦夜长，何不秉烛游"，表达了人生苦短，对当下生命的成全给予了充分肯定。陶渊明深受道家思想的熏陶，《桃花源记》就是参照道教的洞天福地写就的。六朝到明清时期，以道教神仙信仰为题材的作品层出不穷，如《海内十洲记》《洞冥记》《青松记》《岳阳楼》《黄粱梦》《八仙庆寿》等。

2. 道教对建筑风格的影响

以道教宫观为主要依托形式的道教建筑开始与中国古代建筑艺术合流，对其后的建筑发展与流变产生难以估量的重要影响，甚至出现了自成一家的道教建筑体系。

五岳庙中的东、西、南、北岳庙都以规模宏大、气势壮阔而著称；北京白云观、成都青羊宫、湖北武当山、江西西山万寿宫也都别具一格，在道教建筑艺术史上占有重要地位。

在布局手法上，道教对中国古代建筑艺术的影响主要表现在构建了以易学八卦方位为基础的格局与模式，今江西省上饶市三清山道宫就是这一建筑特征的典型例证。

3. 道教对民俗文化的影响

元宵节燃灯的习俗就起源于道教的"三元说"，南宋吴自牧在《梦粱录》中说："正月十五元夕节，乃上元天官赐福之辰"，故上元节要燃灯。

祭灶是一项在汉民族流布甚广、历史悠久的民俗文化，就因为有道教的"灶王爷"神位。

还有道教俗神中有风伯、雨师、雷公、门神、灶神、城隍、土地、泰山奶奶（碧霞元君）、妈祖等。

第八讲　国学点滴拾萃

1. 我国至今发现的最大的青铜器是后母戊鼎，又称后母戊大方鼎，原名司母戊鼎。它是中国商代后期王室祭祀用的青铜方鼎，是商朝青铜器的代表作，是目前世界上发现的最大的青铜器。后母戊鼎器型高大厚重，形制雄伟，气势宏大，纹饰华丽，工艺高超。该鼎是商王文丁（一说武丁）为祭祀母亲而铸造的。

2. 中国最早的丝绸之路是汉朝开辟的。它是指欧亚互通的商路，西汉时张骞和东汉时班超出使西域开辟的，以洛阳为起点，往西一直延伸到罗马。在通过这条漫漫长路进行贸易的货物中，以产自我国的丝绸最具代表性，"丝绸之路"因此得名。它不仅是古代亚欧互通有无的商贸大道，还是促进亚欧各国和中国的友好往来、沟通东西方文化的友谊之路。

3. 我国古代刻在龟甲或兽骨上的，内容多是殷人占卜记录的文字是甲骨文。它是中国已发现的古代文字中时代最早、体系较为完整的文字。

4. 世界上最早最大的类书是《永乐大典》，它是中国最著名的一部大型古代典籍，规模远远超过了前代编纂的所有类书，为后世留下许多丰富的故事和难解之谜。它编纂于明朝永乐年间（1403－1424），保存了 14 世纪以前中国历史地理、文学艺术、哲学宗教和百科文献。

5. 三皇五帝中，"三皇"指伏羲、女娲、神农，"五帝"指黄帝、颛顼、帝喾、尧、舜。

6. 我们尊孔子为圣人。孔子（前 551－前 479），名丘，字仲尼，鲁国陬邑（今山东省曲阜）人，中国春秋末期的思想家和教育家，儒家的创始人。他集华夏上古文化之大成，被后世统治者尊为孔圣人、至圣、至圣先师、万世师表。

7. "司空见惯"中的"司空"是指古代官名。指某事常见，不足为奇。

8. 成都因蜀锦而得名，又叫"锦城"或"锦官城"。

9. 古代刑罚规定一般在秋冬季节执行死刑。

10. 唐代开元通宝钱中"开元"代表的是开辟新纪元。

11. "使节"在古代是官职的凭证。

12. 在史学上记载单一朝代史实的历史著作称断代史。

13. 中国的《百家姓》始于宋朝。

14. 中国人自称为"炎黄子孙"，其中"炎黄"指的是炎帝和黄帝。

15. "一问三不知"中的"三"最早是指对情况的开始、发展和结局全然不知道。

16. 我国的第一位皇帝是秦始皇嬴政。

17. 我国唯一的女皇帝是武则天。

18. "大夫"在我国古代是官名，现在称医生。

19. 古代六艺指的是礼、乐、射、御、书、数。

20. 被誉为"世界第八大奇迹"的是秦兵马俑。

21. 我国古代的名马中，被命名为"天马"的是西域大宛国出产的汗血马。

22. 我国历史上把五大名山统称为"五岳"，即中岳嵩山、东岳泰山、西岳华山、南岳衡山、北岳恒山。"三山"是指安徽的黄山，江西的庐山，浙江的雁荡山。"五岭"是越城岭、都庞岭、萌诸岭、骑田岭、大庾岭。

23. 四书是《论语》《孟子》《大学》《中庸》四部著作的总称。

24. 五经分别是《诗经》《尚书》《礼记》《周易》和《春秋》五部经书。

25.《易经》被誉为"群经之首，大道之源"。

26. 中国现存最早的史书是《尚书》。

27. 我国第一部诗歌总集是《诗经》。

28. 中国皇帝一共 408 位。我国历史上在位时间最长的皇帝是康熙，在位 61 年（1662－1722）；最短的是称洪宪帝的袁世凯，在位仅两个月。

29.《诗经》中的"六义"指风、雅、颂、赋、比、兴。

30. 三礼指的是《周礼》《仪礼》《礼记》。

31. 春秋三传指的是《公羊传》《穀梁传》《左传》。

32. 由孔子的弟子及其再传弟子编撰，记录了孔子及其弟子言行，体现孔子的政治主张及教育原则等内容的书是《论语》。

33. 以孝为中心，比较集中地阐发了儒家的伦理思想的是《孝经》。

34. 中国最早的一部解释词义、属于中国古代词典的是《尔雅》。

35. 有"亚圣"之称，与孔子合称为"孔孟"的是孟子（约前372—前289）。

36. 史家四长指的是史学、史才、史识和史德。

37. 世界上最早的纸币是交子。

38. 国别体史书是以国家为单位，分别记叙历史事件。中国第一部国别体史书是《国语》。

39. 中国第一部系统的法医学著作是《洗冤集录》。

40. 被鲁迅先生评价为"史家之绝唱，无韵之《离骚》"的是《史记》。

41. 前四史指的是《史记》《汉书》《后汉书》和《三国志》。

42. 开史书众修先河的是《晋书》。

43. 五行指金、木、水、火、土。

44. 《山海经》是一部记载古代天文地理方面的书籍。

45. 被认为我国最早的医学理论著作的是《黄帝内经》。

46. 二十四节气，表明气候变化和农事季节，它们是：立春、雨水、惊蛰、春分、清明、谷雨、立夏、小满、芒种、夏至、小暑、大暑、立秋、处暑、白露、秋风、寒露、霜降、立冬、小雪、大雪、冬至、小寒、大寒。二十四节气在秦汉时期完全确立。为了好记，人们编了"二十四节气歌"：春雨惊春清谷天，夏满芒夏暑相连。秋处露秋寒霜降，冬雪雪冬小大寒。

47. 我国古代把阿拉伯帝国称为大食。

48. 在古代，家中生女儿称为"弄瓦"，生男孩称为"弄璋"。

49. "窃符救赵"是关于信陵君魏无忌的典故。

50. "西门豹治邺"一典故中，西门豹是魏国的大夫。

51. 我国最早建造的佛教寺庙是洛阳白马寺（东汉年间）。

52. 在古代，"大理寺"是负责掌管刑狱审讯的官署。

53. 宋代名画《清明上河图》描画的是宋清明时节开封府汴河两岸的景物和社会风情。

54. "五谷"通常是指稻、黍、稷、麦、豆。

55. 古曲《广陵散》的内容取自聂政刺韩王。

56. "吴带当风，曹衣出水"一语中，"曹衣"是指北齐曹仲达创造的中国古代人物衣服褶纹画法之一。

57. 在我国某些地方，清明节时有"寒食"的风俗，是纪念春秋时的介之推。

58. 张继《枫桥夜泊》一诗中的"寒山寺"是因为唐代高僧"寒山"曾任该寺住持而命名的。

59. 佛教中"大雄"是释迦牟尼佛的尊称。

60. 广西柳州市有一座"柳侯祠",是纪念柳宗元的场所。

61. 清末改革教育,新设有"格致"一课,取"格物致知"之简称,即当今的物理、化学学科。

62. "晚清四大谴责小说"有《官场现形记》《老残游记》《二十年目睹之怪现状》和《孽海花》。

63. "九州"是我国最早设置的九个州,《禹贡》中记载的是扬州、荆州、豫州、青州、兖州、雍州、梁州、冀州、徐州。

64. 在安徽马鞍山市有"青莲祠",是纪念李白晚年在此并病逝于此的。

65. "昭君出塞"中,王昭君嫁的是匈奴族的首领。

66. 在"知音"这一典故中,伯牙弹奏了《高山流水》的乐曲,为钟子期所赞赏。

67. 历史上著名的"侯景之乱"发生在南北朝中的南朝。

68. 《樊川文集》是唐代诗人杜牧作品集的名称。

69. "飞白"是书法和中国画的一种特殊用笔方法,在笔墨线条中夹杂有丝丝露白的笔画。

70. 我国古代把火灾称为"祝融之灾"或"回禄之灾"。

71. 《资治通鉴》是我国最大的一部编年体通史。

72. 春秋时期,著名的神箭手养由基是楚国人,在与晋国的战争中，以阵前射杀对方主帅而扬名。

73. 商鞅因变法成功而被秦国封为"大良造"，"大良造"是秦的最高官职，掌握军政大权，亦作爵名。

74. "五湖"是江西的鄱阳湖，湖南的洞庭湖，江苏的太湖、洪泽湖，安徽的巢湖。"四海"是渤海、黄海、东海、南海。

75. 在"淝水之战"中被打败的是前秦苻坚。

76. 唐诗《渭城曲》"渭城朝雨浥轻尘，客舍青青柳色新。劝君更尽一杯酒，西出阳关无故人"的作者是王维。

77. 唐代黄巢领导的农民起义军建立的政权叫大齐。

78. "城隍庙"中的"隍"字是指没有水的护城壕。

79. 成语"白云亲舍"是思念父母的意思。

80. 编制出《大明历》的古代科学家是祖冲之。

81. 王翰《凉州词》"葡萄美酒夜光杯，欲饮琵琶马上催"中的"夜光杯"是用玉石所制。

82. 古代皇帝在刚去世时，被称为"大行皇帝"。

83. 古有"季常之癖"一语，指的是惧内之症，也就是怕老婆。

84. 我国正式用年号纪年是从汉武帝的建元元年（前140）开始。

85. 可做掌上舞的赵飞燕，深受汉成帝宠幸，最后更成为皇后。

86. 唐代的"甘露之变",造成的政治后果是宦官专制加剧。

87. 在汉朝,日常使用的字体是隶书。

88. "上品无寒门,下品无士族"说的是我国魏晋南北朝时期的士族制度。

89. 二十八宿是我国古代天文学家把天空中可见的星分成28组的称呼。东西南北各七宿。东方苍龙七宿是角、亢、氐、房、心、尾、箕;北方玄武七宿是斗、牛、女、虚、危、室、壁;西方白虎七宿是奎、娄、胃、昴、毕、觜、参;南方朱雀七宿是井、鬼、柳、星、张、翼、轸。四象是指青龙、白虎、朱雀、玄武。

90. 唐代高僧玄奘所创立的佛教宗派是法相宗。

91. 十三经分别是《诗》《书》《易》《论语》《周礼》《仪礼》《礼记》《公羊传》《穀梁传》《左传》《孝经》《孟子》《尔雅》。

92. 二十四史指的是从《史记》到《明史》的二十四部纪传体史书,分别是《史记》《汉书》《后汉书》《三国志》《晋书》《宋书》《南齐书》《梁书》《陈书》《魏书》《北齐书》《周书》《南史》《北史》《隋书》《旧唐书》《新唐书》《旧五代史》《新五代史》《宋史》《辽史》《金史》《元史》《明史》。加上《新元史》为二十五史,《清史稿》为二十六史。

93. 纪传体是以人物为中心线索来编写的史书体裁,由司马迁首创。

94．编年体是按年月日先后顺序来记述史实的史书体裁。

95．纪事本末体是以历史事件为中心线索来编写的史书体裁。

96．奴隶社会中最高统治者可称"后""王""天子"。

97．秦王嬴政认为自己"德兼三皇，功高五帝"，把"皇"和"帝"连起来始称"皇帝"，为封建社会中历代君主所沿用。

98．依据汉制，皇帝的女儿叫公主，魏晋开始，皇帝的女婿大都封"驸马都尉"之职，故皇帝女婿称为驸马，清代称"额驸"。

99．谥号是古代对死去的帝王、大臣、贵族，按其生平事迹给予褒贬或同情的称号。

100．庙号是帝王死后，其继承者立庙奉祀，追尊为"某祖""某宗"的名号。

101．年号是封建帝王即位后为纪年而设置的称号。

102．尊号是封建社会对帝后生前或死后奉上的尊崇颂扬性的称号。

103．乾卦象征天，坤卦象征地，震卦象征雷，艮卦象征山，离卦象征火，坎卦象征水，兑卦象征泽，巽卦象征风。

104．在中国古代的历法中，甲、乙、丙、丁、戊、己、庚、辛、壬、癸被称为"十天干"，子、丑、寅、卯、辰、巳、午、未、申、酉、戌、亥叫作"十二地支"。

105. 院试又称郡试、道试，是参加过县试、府试后的童生取得生员资格的考试，由朝廷所派官员主考。考中者称秀才，才有资格"入泮"（进学）学习。

106. 乡试是每三年一次在各省城举行的考试。考中者称"举人"，已有做官资格。第一名称"解元"。

107. 会试是每三年一次会集各省举人在京城举行的考试。考中者称"贡士"或"中式进士"，第一名称"会元"或"会魁"。

108. 殿试亦称"廷试"，是皇帝在殿廷亲自对会试考中的贡士所进行的面试。

109. 中国诗歌史上雄视今古的"双子星座"指的是李白和杜甫。

110. "诗仙"指李白。"诗圣"指杜甫。"诗佛"指王维。"诗鬼"指李贺。

111. 中国四大名园是颐和园（北京）、避暑山庄（河北承德）、拙政园、留园（均在江苏苏州）。

112. 中国四大名桥是广济桥（广东潮州）、赵州桥（河北赵县）、洛阳桥（福建泉州）、卢沟桥（北京）。

113. 中国四大名刹是灵岩寺（山东济南）、国清寺（浙江天台）、玉泉寺（湖北当阳）、栖霞寺（江苏南京）。

114. "医圣"指张仲景。"药王"指孙思邈。

115. 中国四大碑林是西安碑林（陕西西安）、孔庙碑林（山东曲阜）、地震碑林（四川西昌）、南门碑林（台湾高雄）。

116. "书圣"指王羲之。

117. 在中国文学史上现存诗歌数量最多的诗人是陆游，一共写了 9362 首诗。

118. 宋朝著名女词人李清照的词被誉为易安体。

119. "国家兴亡，匹夫有责"源自顾炎武的《日知录·正始》。

120. "八斗才"最早是用来形容曹植文采横溢的。

121. "初唐四杰"指的是王勃、杨炯、卢照邻、骆宾王。

122. "孟母三迁"的目的是选择良好的环境教育孩子。

123. 被誉为"七绝圣手"的唐代诗人是王昌龄。

124. "卧薪尝胆"讲的是勾践的故事。

125. "东床快婿"是与王羲之有关的成语。

126. 唐代诗歌革新运动的先驱是陈子昂。

127. 唐宋八大家指的是韩愈、柳宗元、苏洵、苏轼、苏辙、欧阳修、王安石、曾巩。

128. "元曲四大家"指的是关汉卿、白朴、马致远、郑光祖。

129. "三纲五常"中"三纲"是指"君为臣纲，父为子纲，夫为妻纲"。"五常"即仁、义、礼、智、信。孟子提出"父子有亲，君臣有义，夫妇有别，长幼有序，朋友有信"的道德规范。

130. 中医看病的"四诊"指的是望、闻、问、切。

131. 通常称医生治病救人为"悬壶济世"，"壶"指的是葫芦。

132. 老子（约前580－前500）是春秋时期思想家、哲学家，道家学派的创始人。道教奉老子为教祖，尊称他为"太上老君"。老子遗留下来的著作《道德经》，是道家的主要经典著作，也是研究老子哲学思想的直接材料。

133. 庄子（约前369－前286）是著名思想家、哲学家、文学家，是道家学派的代表人物，老子哲学思想的继承者和发展者，先秦庄子学派的创始人。他的学说涵盖了当时社会生活的方方面面，但根本精神还是属于老子的哲学。后世将他与老子并称为"老庄"，称他们的哲学为"老庄哲学"。

134. 荀子（约前313－前328）是战国时著名思想家、文学家，先秦儒家的最后代表人物，同早于他的孟子成为儒家中对立的两派。其学问渊博精深，所以行文气魄宏大雄浑，有包容诸家的气概。

135. 韩非子（约前280－前233）认为历史是不断发展进步的。他继承和总结了战国时期法家的思想和实践，提出了君主专制的中央集权的理论。

136. 商鞅（约前390－前338）应秦孝公求贤令入秦，说服秦孝公变法图强。孝公死后，他被贵族诬害，车裂而死。商鞅执政约20年，秦国大治，史称"商鞅变法"。

137. 李斯（？－前208）协助秦始皇统一天下，后为秦朝丞相，参与制定了法律，统一了车轨、文字、度量衡。

138.董仲舒（前179－前104）把儒家的伦理思想概括为"三纲五常"，其"大一统""天人感应"理论，为后世封建统治者提供了统治的理论基础。

139.司马迁（前145或前135－?）是我国西汉伟大的史学家、思想家、文学家，著有《史记》，开创了我国传记文学的先河，为我国古代文化事业做出了杰出的贡献。

140.桑弘羊（前152－前80）聚敛资财以增强国力，为武帝屡败匈奴、多次出巡耀武扬威、打通西域、开发西南等奠立了雄厚的物质基础。

141.《水经注》是一部历史、地理、文学价值都很高的综合性地理著作。

142.《贞观政要》是对中国史学史上古老记言体裁加以改造更新而创作出来的，是一部独具特色、对人富有启发的政论性史书。

143.《太平御览》是中国古代类书。它所引用的古书十之七八已失传，是保存古代佚书最为丰富的类书之一。

144.宋代最大的一部类书是《册府元龟》。

145.《明儒学案》是中国最早的一部学术思想史专著。

146.《吕氏春秋》是古代一部类似百科全书的传世巨著。

147.《晏子春秋》是记述春秋末期齐国著名政治家晏婴言行的一部著作，反映了春秋后期齐国的社会历史风貌。

148.《商君书》是法家学派的代表作之一，侧重记载了法家革新变法、重农重战、重刑少赏、排斥儒术等言论，主要反映了法家的政治思想。

149.《鬼谷子》一书内容十分丰富，涉及政治、军事、外交等领域，主要讲述有关谋略的理论，被列为纵横家的著作。

150.《孙子兵法》是中国古代军事文化遗产中的璀璨瑰宝，是中国优秀文化传统的重要组成部分。它不仅是一部兵书，更是华夏智慧与朴素思想的象征，是兵家著作。

151.《淮南子》内容庞杂，它将道、阴阳、墨、法和一部分儒家思想糅合起来，但主要的宗旨倾向于道家。该书在阐明哲理时，旁涉奇物异类、鬼神灵怪，保存了一部分神话传说，像"女娲补天""后羿射日""共工怒触不周山""精卫填海"等古代神话，主要靠本书得以流传，被列为杂家著作。

152.《颜氏家训》是颜之推对自己一生有关立身、处世、为学经验的总结，被后人誉为家教典范，影响很大。

153.《抱朴子》总结了战国以来神仙家的理论，从此确立了道教神仙理论体系，集魏晋炼丹术之大成，是研究我国晋代以前道教史及思想史的宝贵材料，被列为道家著作。

154."公车"，最早为汉代官署名，臣民上书和征召都由公车接待，后也代指举人进京应试。原指入京请愿或上书言事，也特指入京会试的人上书言事。

155."八股文"，明清科举考试的一种文体。开始先揭示题旨，为"破题"。接着承上文而加以阐发，叫"承题"。然后开始议论，称"起讲"。再后为"入手"，为起讲后的入手之处。以下再分"起股""中股""后股"和"束股"4个段落，而每个段落中，都有两股排比对偶的文字，合共8股，故称八股文。

156."学士"是指以文字技艺供奉朝廷的官吏。"硕士"指的是品德高尚、学问渊博的人，但是一直不是官职。"博士"最早是一种官名，负责保管文献档案、编撰著述、掌通古今、传授学问、培养人才。现在，"学士""硕士""博士"指的是学位。

157.汉字的"六书"是指象形、指事、会意、形声、转注、假借。

158.押韵是指在韵文的创作中，某些句子的最后一个字，都使用韵母相同或相近的字，使朗诵或咏唱时产生铿锵和谐感。

159.话本是宋代兴起的白话小说，用通俗文字写成，多以历史故事和当时社会生活为题材，是宋元民间艺人说唱的底本。

160.散曲是一种同音乐结合的长短句歌词。

161.元杂剧内容主要以揭露社会黑暗，反映人民疾苦为主，现实主义与浪漫主义相结合，主线明确，人物鲜明。其结构上最显著的特色是，四折一楔子和一人主唱。

162.章回小说的特点是分回标目，段落整齐，首尾完整。

163.日晷是我国古代利用日影测得时刻的一种计时仪器。

164."三伏"是初伏、中伏、末伏的统称，是一年中最热的时期，每伏有10天。

165. 我们平常所说的"三九严寒"中的"三九"是指冬至后的第三个"九天",即冬至后的第十九天到第二十七天。

166. "唐三彩"指的是黄、白、绿三种基本釉色。

167. 我国最早的纸币出现在北宋时期。

168. "杏林"是中医界常用的一个词汇,人们往往喜欢用它来赞美医术高超、医德高尚的大夫。

169. 被中国古代少数民族尊为"天可汗"的是唐太宗李世民。

170. 古代结婚步骤有纳彩、问名、纳吉、纳征、请期、亲迎。

171. 中国四大书院是白鹿洞书院(江西庐山,为南宋理学家朱熹所重建)、岳麓书院(湖南长沙,为宋朝官员朱洞创建)、嵩阳书院(河南嵩山)、应天书院(河南商丘,为五代商丘人杨悫所建)。

172. 龙门石窟位于河南省洛阳市。

173. 仰韶文化是我国历史上新石器时代的文化。

174. 中国四大佛教名山是浙江普陀山(观音菩萨)、山西五台山(文殊菩萨)、四川峨眉山(普贤菩萨)、安徽九华山(地藏王菩萨)。

175. 传说中愚公移的是太行山和王屋山。

176. 中国四大道教名山是湖北的武当山、江西的龙虎山、安徽的齐云山、四川的青城山。

177.	"一衣带水"中的"水"指的是长江。

178.	有"中华民族摇篮"之称的黄河发源于巴颜喀拉山脉。

179.	"有眼不识泰山"中的泰山指的是一位有名的木匠，传说是鲁班的徒弟。

180.	岳阳楼在洞庭湖边上。

181.	大汶口文化遗址在我国的山东省。

182.	被誉为"天下雄关"的是嘉峪关。

183.	"西出阳关无故人"中的"阳关"位于甘肃省。

184.	著名的"瘦西湖"在扬州市。

185.	道教的发祥地是龙虎山。

186.	有"泉城"之称的是济南市。

187.	"八大雄关"之一的居庸关在北京市。

188.	新儒学即理学，它建立于宋代。理学特点是兼收佛家、道家的思想成分而融合儒家的政治哲学和伦理思想。代表人物为程颐、程颢、王阳明等。

189.	我国历史上第一位伟大的爱国诗人屈原在汨罗江投江而亡。

190.	中国四大名绣是江苏的苏绣、湖南的湘绣、四川的蜀绣、广东的粤绣。苏绣是我国民间四大绣派之一，其发源地在苏州吴县一带，现遍布很多地区，以擅长绣猫出名。粤绣是指以广东省广州和潮州为生产中心的手工丝线刺绣，它的风格是构图均匀，繁而不乱，色彩明快。粤绣作品大量出口海外，成为享誉中外的名绣是在光绪年间（1875－1908）。湘绣是以湖南省长沙市为中心的带有鲜明湘楚文化特色的湖南刺绣产品的总称。是勤劳智慧的湖南人民在漫长的人类文明历史的发展过程中，精心创造的一种具有湘楚文化特色的民间工艺，它以绣老虎最著名。

191. "二句三年得，一吟双泪流"是唐代诗人贾岛的自白。

192. 我国文学发展史上的第一位田园诗人是陶渊明。

193. 诗句"但使龙城飞将在，不教胡马度阴山"中"龙城飞将"指的是李广。

194. "七录斋"是明朝著名文学家张溥的书斋名。意在读书要勤于手抄。

195. "生当作人杰，死亦为鬼雄"是李清照咏项羽的名句。

196. "三过家门而不入"是关于大禹治水的故事。

197. 历史上所称的"高岑诗派"实际上是边塞诗派。

198. 被誉为"鞠躬尽瘁，死而后已"的人是诸葛亮。

199. 普通的道教徒又称作居士。

200. 莲花被认为是佛教文化的一种象征。

201. 中国的"尼姑"这一称呼最早在南北朝出现。

202. "蜃楼疑海上，鸟道没云中"赞美的是悬空寺的景色。

203. 北京的天坛古时候是用来祭天的。

204. 长城西起甘肃嘉峪关，东到河北山海关，全长 13 400

华里。（一说 14700 华里，1 华里＝500 米）山海关始建于明代。

205．中国的佛教传入日本是在唐朝。

206．"黄粱一梦"的故事发生在今天的邯郸市。

207．中国道教的第一座以"宫"命名的道观"上清宫"在洛阳市。

208．第一个去印度取经的人是法显。

209．江南第一古塔是北寺塔。

210．世上最大的露天石刻大佛是乐山大佛。

211．人们常说"无事不登三宝殿"，"三宝"是指佛、法、僧。其中的佛是指正知正觉的人，即释迦牟尼；法是指佛法及佛所说的道义；僧是指继承和宣传教义的人。三宝殿是佛、法、僧三大活动场所。佛的活动场所，是指佛教徒登场办事的地方；法的活动场所，是指佛家珍藏经书的楼阁；僧的活动场所，是指和尚睡觉的禅房。这三处地方，一般人是不能随便进去的，进出的都是佛门弟子，故称"三宝殿"。

212．"江山社稷"中的"稷"在古代指五谷之神。

213．东晋时期著名的道士及医药学家是葛洪。

214．道教的"三清"是指玉清元始天尊、太清道德天尊和上清灵宝天尊。

215．喇嘛，音译自藏语，意为上师、上人，是对佛教僧侣之尊称，长老、上座、高僧之称号。

216．观音菩萨的全称尊号是"大慈大悲救苦救难观世音菩萨"。

217. 佛教中的开光是新佛像、佛画欲置于佛殿、佛室时举行的替佛开眼的仪式。

218.《三国演义》中的"三国"指的是魏、蜀、吴。

219. 我国四大古典名著分别是《三国演义》《水浒传》《西游记》《红楼梦》。

220. 我国文学史上第一部文人词集是《花间集》。

221. 清代一部带有浓厚神话色彩的浪漫主义古典小说是《镜花缘》。

222.《史记》中"本纪"有 12 篇。

223.《诗经》中最精华的是国风。

224. "红娘"是《西厢记》中的人物。

225.《儒林外史》的作者是吴敬梓。

226. "执子之手，与子偕老"出自《诗经·邶风·击鼓》。

227. "乐府双璧"分别是《孔雀东南飞》和《木兰诗》。

228. 我国文学史上《古诗十九首》标志着文人五言诗走向了成熟。

229. "女娲补天"这则神话出自《淮南子》。

230. 小说在唐代叫作传奇。

231. 被誉为"史学双璧"的是《史记》和《资治通鉴》。

232.《诗品》的作者是钟嵘。

233.《人间词话》的作者是王国维。

234. 中国汉字，《说文解字》收 9353 字，《康熙字典》收 47 043 字，《汉语大字典》收 60 370 字，《中文大字典》收 49 888 字，《中华字海》收 85 568 字。

235. 讲述为人处世的三大奇书是《菜根谭》《小窗幽记》《围炉夜话》。

236. "先天下之忧而忧，后天下之乐而乐"出自范仲淹的文章《岳阳楼记》。

237. "劝君更进一杯酒，西出阳关无故人"出自《送元二使安西》。

238. "所加于人，必可行于己。"这是出于吕不韦《吕氏春秋·孟夏纪·诬徒》的名句。

239. "文章千古事，得失寸心知"是杜甫《偶题》的名句。

240. 我国最早的一首民歌是《击壤歌》。

241. 苏轼《水调歌头》中的"但愿人长久，千里共婵娟"中的"婵娟"指的是月亮。

242. 绝句的别称是截句或者断句。

243. "桃李满天下"的"桃李"指的是学生。

244. "明日黄花"常用来比喻过去的事。

245. "东道主"一词出自《左传》。

246. "一唱三叹"中"叹"字的本义是附和。

247. "别来无恙"中的"恙"是指一只虫。

248. 孝与忠的观念，是中国传统伦理道德。汉代出现的托名曾参编的《孝经》说："夫孝，德之本也，教之所由生也。"就是说孝顺父母是最基本的道德要求。东汉马融编的《忠经》说："为国之本，何莫由忠。忠能固君臣，安社稷，感天地，动神明，而况于人乎？夫忠，兴于身，著于家，成于国，其行一焉。"就是说要忠于国家，忠于人民，这对于个人、家庭和国家都有好处。

249．孔子的教学方法有：（1）因材施教。对不同的人有不同的教学内容和方法。（2）学思结合。孔子说："学而不思则罔，思而不学则殆。"（3）教学相长。孔子说："学，然后知不足；教，然后知困。"（4）由博返约。孔子说："君子博学于文，约之以礼，亦可以弗畔矣夫。"（5）温故知新。孔子说："温故而知新。"

250．"敲门砖"一词由考试发展而来。

251．"阡陌"的"陌"是指田间东西方向的小路。

252．"安乐窝"中的"窝"指住宅。

253．"书香门第"中的"书香"原意指书中夹香草发出的香气。

254．"折柳"是一种送别习俗。

255．元宵节又叫上元节。

256．王维《九月九日忆山东兄弟》中的诗句"每逢佳节倍思亲"中的"佳节"指重阳节。

257．宋朝欧阳修在《纵囚论》中说："宁以义死，不苟幸生，而视死如归。"

258. 泼水节是傣族的节日。

259. 维吾尔族人最普遍的民间集体舞蹈是赛乃姆。

260. 宋朝欧阳修《生查子》中的诗句"月上柳梢头，人约黄昏后"描写的是元宵节。

261. "天街夜色凉如水，卧看牵牛织女星"描写的是我国的七夕节。

262. "火把节"是彝族的传统节日。

263. 我们的祖先用红色表示吉庆是从汉代开始的。

264. 苗族民间用在篱笆上挂鸡腿骨的方法给子女记岁。

265. 成语"无稽之谈"中的"稽"为查考之意。

266. "不倒翁"又叫"扳不倒"，它的由来与卜和有关。

267. 唐代开始有"月饼"的雏形。

268. "抛绣球、碰红蛋、踢毽子、抢花炮"是壮族歌圩节的活动。

269. 古人常用松鹤延年图祝寿，鹤生长在沼泽地。

270. 在一些古代帝王将相的陵墓前面，排列的石人被称作翁仲。

271. "三十年河东，三十年河西"中的"河"最初指的是黄河。

272. 在"精卫填海"的故事里，"精卫"是中国上古时期一种叫精卫的鸟。

273. 婚礼上放鞭炮的目的是震妖除邪。

274. 名菜"东坡肉"与苏轼有关，由他亲自创制。

275. 高尔夫球类似于我国古代的捶丸游戏。

276. 中国最古老的粮食酒是黄酒。

277. 春秋时期的俞伯牙擅长弹琴，钟子期是其知音。

278. 打木球是在宁夏回族自治区流行的打毛球基础上改进而成的传统体育项目。

279. 古代称为"弈"的棋是围棋。

280. 四大名茶之一的龙井茶产地是浙江省杭州市。

281. "女儿红"酒产自浙江省绍兴市。

282. 盆景艺术最早出现在新石器时期。

283. 从宋朝开始有了元宵。

284. 满汉全席共有 108 道菜。

285. 荡秋千是朝鲜族妇女最喜爱的体育运动之一。

286. 盐都自贡是我国最大的井盐产盐基地，其开采历史可追溯到东汉时期。

287. 据传，四喜丸子创制于唐朝，与张九龄有关。有一年朝廷开科考试，各地学子纷纷涌至京城，其中就有张九龄。结果出来，衣着寒酸的张九龄中得头榜，皇帝赏识张九龄的才智，便将他招为驸马。当时张九龄的家乡正遭水灾，父母背井离乡，不知音信。举行婚礼那天，张九龄正巧得知父母的下落，便派人将父母接到京城。喜上加喜，张九龄让厨师烹制一道吉祥的菜肴，以示庆贺。菜端上来一看，是四个炸透蒸熟并浇以汤汁的大丸子。张九龄询问菜的含义，聪明的厨师答道："此菜为'四圆'，一喜，老爷头榜题名；二喜，成家完婚；三喜，做了乘龙快婿；四喜，合家团圆。"张九龄听了哈哈大笑，连连称赞，说："'四圆'，不如'四喜'，响亮好听，干脆叫它'四喜丸'吧。"从那以后，逢有结婚等重大喜庆之事，宴席上必备此菜。

288. 皮影戏的由来与汉武帝有关。中国皮影戏演变于中国古代秦、汉、魏、晋、南北朝时期方士的"弄影还魂术"。在当时，这种方术属于方士掌握的秘密。这种方术，后来即成为皮影戏的前身。与这种方术有关联的是汉武帝和他的爱妃的一段传说。《汉书·外戚传》记载：汉武帝失去李夫人后寝食难安，方士便在帐外做了一个酷似李夫人的影人，并捏着嗓子装出李夫人的声音……帐中的汉武帝期待李夫人的出现，帐外却只有摇曳的幻影。他惆怅地感慨道："是邪，非邪？立而望之，偏何姗姗其来迟！"

289. 茅台酒产自贵州省仁怀市茅台镇，是与苏格兰威士忌、法国科涅克白兰地齐名的三大蒸馏名酒之一，是大曲酱香型白酒的鼻祖，也是中国的国酒。

290. 唐代以前就有春卷，那时候称作"春盘"。

291. 北京有名的"大碗茶"在清朝开始出现。

292. "六必居"是北京著名的老字号之一，它是在明朝出现的。

293. 天津的"狗不理包子"远近闻名，它创始于清朝咸丰年间（1851—1861）。

294. 整羊席是蒙古族的传统佳肴。

295. 踢毽子，又叫"打鸡"。起源于汉代，盛行于南北朝和隋唐，至今已有两千多年的历史，是中国民间体育活动之一。

296. 什么是书法？书法是汉字符合法则的艺术。首先它要符合汉字的书写规范；其次，它可以是一门艺术，文字本身也具有形式变化的自由的美，同时又有抒情达意的艺术功能。书法是中国文化特有的一种东西，汉字本身具有艺术的要素。

297. 汉代著名书法家蔡邕在《笔论》里评论书法说："为书之体，须入其形，若坐若行，若飞若动，若往若来，若卧若起，若愁若喜，若虫食木叶，若利剑长戈，若强弓硬矢，若水火，若云雾，若日月，纵横有可象者，方得谓之书也。"

298. 怎样学习书法？唐代孙过庭在《书谱序》中说："至如初学分布，但求平正，既知平正，务追险绝，既能险绝，复归平正。初谓未及，中则过之，后乃通会。通会之际，人书俱老。"明代项穆说学书有三戒："初学分布，戒不均；继知规矩，戒不活与滞；终能纯熟，戒狂怪与俗。"清代刘熙载在《书概》中说："学书者始由不工求工，继由工求不工。不工者，工之极也。"就是说学书法首先要入帖，学入工整，然后出帖，自由创造，然后又回归到新的工整，上了一个层次。

299. 黄马褂是清朝的一种官服。清代的巡行扈从大臣，如御前大臣、内大臣、内廷王大臣、侍卫什长等，皆例准穿黄马褂。有功大臣也特赐穿着。

300．乌纱帽本是民间常见的一种便帽，隋朝时正式成为官服的组成部分。

301．维吾尔族的小花帽一般是四个角的，它图案精美，花纹繁多，色彩绚丽，做工精致，其绣法有平绣、结绣、格子架绣、十字花绣、串珠片绣、扎绒刺绣、钩花刺绣、挑花揽结以及刺、扎、串、盘综合刺绣等，不论何种绣法，均能使图案纹样与缀结富有立体感，既是当地人不可缺少的日常服饰，又是精美的旅游纪念品。

302．旗袍原是我国满族妇女的服装。

303．中国的传统手工艺"景泰蓝"在明景泰年间（1450－1456）发展得最快。

304．在古代，铜镜就是用铜做的镜子，与人们的日常生活有着密切关系，是人们不可缺少的生活用具。它制作精良，形态美观，图纹华丽，铭文丰富，是中国古代文化遗产中的瑰宝。中国铜镜在汉朝发展到了一个鼎盛时期。

305．著名的《富春山居图》是元代四家之冠黄公望（1269－1354）在近80岁时用三四年时间绘画的，表现了初秋之时富春江两岸的美好景色，被称为"画中兰亭"。

306．在我国古代，"勺"是用来舀酒的器具。

307．人们常用"锦上添花"来比喻美上加美，其"锦"指的是丝织品。

308. 古人身上佩戴荷包的目的是驱邪。

309. 木雕艺术是雕塑的一种，在我们国家常常被称为"民间工艺"。可分为立体圆雕、根雕、浮雕三大类。它是在新石器时代出现的。

310. 锣是我国人民喜爱的一种民族打击乐器，最早出现在春秋时期。

311. "余音绕梁三日不绝"是称赞歌声的，意思是说优美动听的音乐长久地在屋梁上回荡，使人感觉长时间没有停止。形容歌声优美，给人留下难忘的印象。

312. "喇叭"是对唢呐的俗称，它是在木制的锥形管上开八孔（前七后一），管的上端装有细铜管，铜管上端套有双簧的苇哨，木管下端有一铜质的碗状扩音器。

313. 马头琴是我国蒙古族的拉弦乐器。

314.《百鸟朝凤》是一首唢呐曲子，也称《百鸟朝王》《仪凤图》等，其文化内涵十分丰富，原是流行于山东、河南、河北等地的民间乐曲。它以热情欢快的旋律与百鸟和鸣之声，表现了生气勃勃的大自然景象。在河南等地，《百鸟朝凤》经常会用在结婚的仪式上，代表着吉祥、幸福。

315. "变脸"是川剧的绝活。

316. 在元代杂剧中，扮演"花脸"的角色叫"净"。

317.《珍珠翡翠白玉汤》是传统相声的名段。

318. 越剧是浙江的地方戏种。

319. 古筝的别称是秦筝。

320. 唱腔委婉清新，以高胡为主要伴奏乐器的戏曲是黄梅戏。

321. "琵琶"中的"琵"和"琶"最初是指两种弹奏方法。

322. "笙"是我国的民乐之一，它是在春秋时期出现的。

323. 京剧《群英会》中"周瑜"的行当是小生。

324. 布达拉宫最初是为文成公主而建造的。

325. 唐寅（1470－1523），字伯虎，一字子畏，号六如居士、桃花庵主、鲁国唐生、逃禅仙吏等，据传于明宪宗成化六年庚寅年寅月寅日寅时（1470 年二月初四凌晨 3－5 点）生，故名唐寅。汉族，吴县（今江苏苏州）人。他玩世不恭而又才气横溢，诗文擅名。

326. 故宫，位于北京市中心，旧称紫禁城，是明清两代的皇宫。始建于明永乐四年（1406），建成于永乐十八年（1420）。故宫南北长 961 米，东西宽 753 米，面积 72.5 万平方米，建筑面积 15.5 万平方米。有房间 8704 间（传说 9999.5 间）。围墙高 12 米，长 3400 米。它是中国现存规模最大、保存最好的古建筑群，是世界上面积最大的宫殿。

327. "房"和"屋"的区别：房，是古代宫室中供人居住的房间，位于堂之后，室之两侧，专指东房（室之东）、西房（室之西）。屋，本义是幄，就是指带有木架的帐幕。后来"屋"

指房屋，另造"幄"字专指帐幄。屋即人来到这里居住之意。

328. "塔"属于佛教建筑。

329. "涂鸦"本来指的是涂抹诗书。

330. "陛下"是古代人对君王的尊称，其中"陛"指的是宫殿的台阶。

331. 承德避暑山庄的修建经历了康熙、雍正、乾隆三朝。

332. 天坛最有代表性的建筑是祈年殿。

333. 人们常用"颜筋柳骨"来形容唐朝书法家颜真卿和柳公权的书法风格。

334. 江南的古典园林豫园在上海市。

335. "三味书屋"的横匾是梁山舟的杰作。

336. 书画作品中的"四君子"通常指梅、兰、竹、菊。

337. "半部《论语》治天下"是宋代赵普对《论语》的高度评价。

338. 北京四合院从元朝开始盛行。

339. 清朝画家郑燮的《兰竹图》属于中国画。

340. 中国最高的地方是西藏高原的珠穆朗玛峰，高达 8848.86 米。中国最低的地方是新疆的吐鲁番盆地，最低海拔为－154 米。

341. 中国长江长 6397 千米，黄河长 5464 千米，京杭大运河全长 1747 千米。

342. "双管齐下"中"双管"指的是两支笔。

343. 颐和园中的十七孔桥是园内最长的一座桥梁，长达

150 米。

344. 呼和浩特市的大召寺始建于明朝。

345. 仰韶文化时期，其建筑式样和现在的窑洞比较类似。

346. 朱耷的山水画使人有"墨点无多泪点多"的感觉。

347. "春蚕吐丝"是中国画术语，它用于形容线描人物画的特征。

348. 历史上有"才绝、画绝、痴绝"之称的是顾恺之。他博学有才气，工诗赋、书法，尤善绘画，精于人像、佛像、禽兽、山水等。他与曹不兴、陆探微、张僧繇合称"六朝四大家"。他作画，意在传神，其"迁想妙得""以形写神"等论点，为中国传统绘画的发展奠定了基础。

349. 吴道子的代表作品是《送子天王图》。

350. 被称为我国最大的古典艺术宝库的石窟是敦煌莫高窟。

351. 《清明上河图》描绘的是春季的景色，是张择端的绘画作品。

352. 我国家喻户晓的木匠出身的大画家是齐白石。

353. 徐悲鸿（1895－1953）画马驰誉中外。他创作的《群马图》，用刚劲稳健的线条勾勒马的形体，用酣饱奔放的墨色挥写马的鬃毛，以淡墨表现明暗变化，使笔下的马既充满了勃勃生机，又富于笔墨情趣。

354. 《游春图》的作者是展子虔。《游春图》是迄今为止存世最古的卷轴山水画，也是我们今天难得看到的唐以前山水画趋向成熟过程中一件独立成画的珍品。

355. 我国现存最早的兵书是《孙子兵法》。

356.《三国演义》中利用天气变化突出奇兵、打败强敌的是赤壁之战。

357. 力大无穷被称为能"拔山扛鼎"的将军是项羽。

358. "三家分晋"指晋国分裂成韩、赵、魏3个国家。

359. 我国古曲《十面埋伏》表现的是楚汉垓下之战的故事。

360. 通过陈桥兵变而黄袍加身，当上皇帝的是赵匡胤。

361. 我国是在春秋时期发明冶铁术的。

362.《金刚经》是我国第一部用纸印刷的书籍。

363. 与唐太宗李世民登基相关的政变是玄武门之变。

364. 东晋时期谢玄在淝水之战中以8万精兵打败了前秦苻坚。

365. 名列前茅中的"茅"最初指的是楚国的特产茅草。

366. 风筝作为传递信息的工具是从南北朝开始的。

367. 维吾尔族人在农业生产中用坎儿井来灌溉。

368. 指南针是战国时期发明的。

369. 张衡发明的地动仪上8个龙头底下对应的8个动物是蟾蜍。

370. 背水一战是韩信取得了胜利。

371. 中国第一次农民起义是"陈胜吴广起义"。

372. "唇亡齿寒"一词中"唇"和"齿"最初指虢国与虞国的关系。

373. 我国最早使用军鸽是在西夏。

374. 《武经七书》是北宋朝廷作为官书颁行的兵法丛书，是中国古代第一部军事教科书集。它由《孙子兵法》《吴子兵法》《六韬)《司马法》《三略》《尉缭子》《李卫公问对》7 部著名兵书汇编而成。

375. 诸葛亮对孟获"七擒七纵"，用的是攻心战术。

376. 战国时燕国攻打齐国，齐将田单先用反间计，后用火牛阵打败燕军。

377. 《橘录》是 1178 年，由南宋温州知州韩彦直撰写的世界上第一部柑橘学专著。

378. 古人从印章受到启发而发明了印刷术。

379. 我国最早的水战发生在春秋时期。

380. 曹操用世界上最早的石火炮击毁了袁绍的营帐。

381. "围魏救赵"是战国时孙膑实施的战术。原指战国时齐军用围攻魏国的方法，迫使魏国撤回攻赵部队而使赵国得救。后指袭击敌人后方以迫使进攻之敌撤退的战术，现借指用包抄敌人的后方来迫使它撤兵的战术。

382. "三教"是儒教、道教、佛教。"九流"是儒家、道家、阴阳家、法家、名家、墨家、纵横家、杂家、农家。

383. 被誉为"中国第五大发明"的是珠算。

384. 活字印刷的发明人毕昇用胶泥来制作活字。

385. 我国第一个建立雄厚海军力量的政治集团是三国时期的东吴。

386. 虎符是姜子牙发明的。

387. 我国最早的骑兵出现在春秋时期。

388. 第一个给锁装上机关的人是鲁班。

389. 被称为北宋时期百科全书的是《梦溪笔谈》。

390. 东汉时期的张衡既是我国杰出的科学家又是著名的文学家。

391. 织女星位于天琴座。

392. 《史通》是我国第一部体系完整的史学理论专著。

393. "孟夏"指的是农历四月。

394. 农历无立春的年份在南方称为"盲年",在北方称寡妇年。

395. 中国年龄称谓。(1)襁褓:未满周岁的婴儿。(2)孩提:两三岁的儿童。(3)垂髫(又叫总角):幼年儿童。(4)豆蔻:女子13岁。(5)及笄:女子15岁。(6)加冠(又叫弱冠):男子20岁。(7)而立之年:30岁。(8)不惑之年:40岁。(9)知命之年(又叫知天命):50岁。(10)花甲之年:60岁。(11)古稀之年:70岁。(12)耄耋之年:八九十岁。(13)期颐之年:100岁。(14)米寿:88岁。(15)茶寿:108岁。

396. 唐朝张继《枫桥夜泊》："月落乌啼霜满天，江枫渔火对愁眠。姑苏城外寒山寺，夜半钟声到客船。"诗中指的月相是上弦月。

397. 农历把每月的初一称为朔日。

398. 我国古代的"铜壶滴漏"是计算时间的。

399. 风行于世的华夏七古籍：《三字经》《道德经》《菜根谭》《红楼梦》《孙子兵法》《唐诗》《周易》。

400. 参商二星用来形容难以相见的人。

401. 冬至以后、立春以前的一段时间叫初阳。

402.《甘石星经》是世界上最早的一部天文学著作，它是在战国时期完成的。

403. "三更半夜"中的"三更"指的是晚上 23 点至凌晨 1 点。

404. "月有阴晴圆缺"是由月亮绕地球运行引起的。

405. 社日是纪念土地神的节日。

406. 中国古代主要节日。（1）元日：正月初一。（2）人日：正月初七，主小孩。（3）上元：正月十五，灯节，张灯为戏。（4）寒食：清明前两日，禁火三日（纪念介子推）。（5）清明：四月初，扫墓、祭祀。（6）端午：五月初五，吃粽子，划龙舟，纪念屈原。（7）七夕：七月初七，妇女乞巧（牛郎织女）。（8）中元：七月十五，祭祀鬼神，又叫"鬼节"。（9）中秋：八月十五，赏月、思乡。（10）重阳：九月初九，登高，插茱萸免灾。（11）冬至：节气的起点，吃糍。（12）腊日：腊月初八，喝"腊八粥"。（13）除夕：农历一年的最后一天的晚上，过大年，除旧迎新。

407．"一寸光阴一寸金"，这里的"一寸"是用圭表计时器量出的时间单位。

408．我国从夏朝开始就有历法。

409．"黄道吉日"是以星象来推断吉凶的。

410．我国紫金山天文台把1964年发现的一颗小行星命名为"张衡小行星"。

411．婚姻周年称谓。（1）纸婚：1年。（2）棉婚：2年。（3）皮革婚：3年。（4）花果婚：4年。（5）木婚：5年。（6）铁婚：6年。（7）铜婚：7年。（8）陶婚：8年。（9）柳婚：9年。（10）锡婚：10年。（11）钢婚：11年。（12）丝婚：12年。（13）丝带婚：13年。（14）象牙婚：14年。（15）水晶婚：15年。（16）瓷婚：20年。（17）银婚：25年。（18）珍珠婚：30年。（19）珊瑚婚：35年。（20）红宝石婚：40年。（21）蓝宝石婚：45年。（22）金婚：50年。（23）绿宝石婚：55年。（24）钻石婚：60年。（25）白金婚：70年。

412．中国古代史学八大家：①左丘明著《左传》，编年体创造者。②司马迁著《史记》，正史纪传体创始者。③班固著《汉书》，断代史体例开创者。④刘知几著《史通》，我国首位史学批评家。⑤杜佑著《通典》，我国记述典章制度通史的开创者。⑥司马光著《资治通鉴》，编年体第一巨著的创造者。⑦袁枢著《通鉴纪事本末》，本末体的创造者。⑧顾炎武著《肇域志》《天下郡国利病书》。

413. 天干地支纪年始于汉代，这种纪年是以立春为起点的。

414. "七政"：日、月加上金、木、水、火、土五星叫作"七政"，"七政"又叫七曜，刚好对应于西历的从星期日到下星期六的七天。

415. 夏朝的清台、商朝的神台相当于现代的天文台。

416. 水运仪象台是宋朝发明制造的。

417. 天体仪最早出现在清朝。

418.《授时历》是郭守敬创制的。

419. "落花流水"一词本是形容残春的景象。

420. 李清照的《如梦令》里"绿肥红瘦"描写的是晚春的景象。

421. 最早的"碑"的用途是观看太阳的影子以辨别时间。

422. 农历一月为正月是从汉武帝开始确定下来的。

423. 传说中华民族的始祖盘古氏去世之后，他的双眼化为了日月二神，他的左眼化成了太阳。

424. 世界上关于太阳黑子的最早记载，是在我国古代《淮南子》一书中。

425. 十二段锦总诀：闭目冥心坐，握固静思神，叩齿三十六，两手抱昆仑；左右鸣天鼓，二十四度闻，微摆撼天柱，赤龙搅水津；鼓漱三十六，神水满口匀，一口分三咽，龙行虎自奔；闭气搓手热，背摩后精门，尽此一口气，想火烧脐轮；左右辘轳转，两脚放舒伸，叉手双虚托，低头攀足频；以候神水至，再漱再吞津，如此三度毕，神水九次吞；咽下汨汨响，百脉自调匀，河车搬运毕，想发火烧身；旧名八段锦，子后午前行，勤行无间断，万病化为尘。

426. 我国古代为了量度星辰所在的位置，把黄道带分为十二星次。

427. 国学入门先读"三、百、千"。著名的国学学者南怀瑾说："我经常告诉来学中国文化的外国人，不要走冤枉路，最直捷的方法是去读'三百千千'，就是《三字经》《百家姓》《千家诗》《千字文》。"

428. 太岁纪年法中有 10 个岁阳。

429. 《大明历》是祖冲之创制的。

430. 密封阅卷在我国最早出现在唐朝。

431. "五福"这个词原出于《书经·洪范》："一曰寿，二曰富，三曰康宁，四曰攸好德，五曰考终命。"五福合起来能够构成幸福美满的人生。后来由于避讳等原因，"五福"也有了变化，如东汉桓谭在《新论·辨惑第十三》中就把"考终命"更改为"子孙众多"，因此，后来的"五福"也就变成了"寿、富、贵、安乐、子孙众多"了。

432. "勾股定理"是商高最先发现的。

433. "妙手回春"的匾额通常挂在医院。

434. 东汉名医华佗创编了"五禽戏"。

435. 我国的科举制度是从隋朝开始的。

436. 我国多称孔庙为"文庙",最初是因为孔子曾被封为文宣王。

437. 由乾隆皇帝组织编修的大型综合性丛书是《四库全书》。

438. 抢救突然昏厥的人应该掐人中穴。

439. 煎中草药用凉水比较好。

440. 《营造法式》是中国古代建筑宝典,古代建筑技术专书。北宋李诫奉敕编著。分释名、制度、功限、料例和图样五大部分34卷。

441. 《茶经》,是中国现存最早、最系统、最全面介绍茶的一部专著。唐朝陆羽(733—804)著。陆羽被誉为"茶仙",尊为"茶圣""茶神"。

442. 《天工开物》是中国古代工艺百科全书,明朝宋应星(1587—1661)著。该书强调人类要和自然相协调、人力要与自然力相配合,以中国特有的天人合一思想对中国古代的各项技术进行了系统的总结。

443. 种痘术起源于明朝。

444. "坐堂医"的起源与张仲景有关。

445. 针灸是我国传统医学疗法,最早用来针灸的是石针。

446. "三人行，必有我师"出自《论语》。

447. 明清时"乡试"的地点在各省省城。

448. 中国古代科举制度中有以武取才的设置，武举制度是由武则天设立的。

449. 我国历史上办学时间最长的学校"文翁石室"在四川省。

450. 中国古代名医华佗被曹操所杀。

451. "建安三神医"分别是张仲景、华佗和董奉。

452. 中医精气神学说中的"神"指的是人体生命活动的主宰，在道教中指人的心理结构。

453. 我国宋代的"书坊"相当于现代书店。

454. "讳疾忌医"中的医生是扁鹊。

455. 我国古代十大名医：（1）扁鹊，春秋时期人，善于用脉诊和望诊来诊断疾病。（2）张仲景，东汉人，著有《伤寒杂病论》。（3）华佗，东汉末三国时期人，善治病。（4）皇甫谧，三国西晋时人，著有《针灸甲乙经》。（5）葛洪，东晋时人，著有《抱朴子》《肘后救卒方》。（6）孙思邈，被称为"百岁神医"，唐代的著名医学家，他是世界上第一个发明导尿术的人，他是用葱管导尿的。（7）钱乙，北宋时人，著有《小儿药证直诀》，此书是我国现存的首部儿科专著。（8）朱震亨，元代人，"滋阴派"创始人。（9）李时珍，明代人，著有《本草纲目》。（10）叶天士，清代著名医学家。

456. 唐宋八大家：唐朝的韩愈、柳宗元；宋朝的欧阳修、王安石、曾巩及三苏（苏洵及其二子苏轼、苏辙）。

457. 中国传统医学四大经典是：《黄帝内经》《难经》《伤寒杂病论》《神农本草经》。

458. 同仁堂中药铺的创始人是乐尊育。

459. 我国最早使用"病历"的医生是淳于意。

460. "一张一弛，文武之道也"中"文武"指的是周文王、周武王。

461. 中医学认为，睡眠的最好姿势是朝向右侧。

462. 第一位以"诗书礼乐"教弟子的私学教育家是孔子。

463. 百家争鸣是指春秋战国时期，知识分子中不同学派的涌现及各流派争芳斗艳的局面。

464. 春秋战国时期主要有儒、墨、道、法、阴阳、名、纵横、杂、兵、小说等各派。

465. 墨家的政治观有"兼爱""非攻""尚贤"等。

466. 法家的核心思想有重法、重势、重术。法是指健全法制；势指的是君主的权势，要独掌军政大权；术是指驾驭群臣、掌握政权、推行法令的策略和手段。

467. 兵家代表人物主要有春秋时期的孙武、司马穰苴，战国时期的孙膑、吴起、尉缭、赵奢、白起等。

468. 阴阳家的重要学说是阴阳五行学说。

469. 名家学说的代表人物有邓析子、尹文子、惠子、公孙龙等。

470. 战国时期纵横家的代表人物有鬼谷子、苏秦、张仪等。

471. "存天理，灭人欲"指的是保存心中的天理，消灭人的欲望。

472. "陆王心学"是以南宋陆象山和明代王阳明为代表的心学一系。

473. "行知合一"是指认识事物的道理与在现实中运用此道理，是密不可分的一回事。

474. "河图洛书"是中华文化阴阳五行术数之源。河图的"河"指的是星河、银河，河图本是星图。洛书是表述天地空间变化脉络的图案。洛书上，纵、横、斜三条线上的三个数字之和皆等于 15。

475. "太极"是阐明宇宙从无极而太极，以至万物化生的过程。

476. 魏晋玄学的代表人物有何晏、王弼、阮籍、嵇康、向秀、郭象等。

477. "八字"即生辰八字，是用天干地支表示人出生的年、月、日、时，合起来是八个字。算命者认为从生辰八字可以推算一个人的命运。旧时常用于婚配中的算命。

478. 星命术泛指各种推算个人命运的术数。

479. 相术是以人的面貌、五官、骨骼、气色、手纹等推测吉凶祸福、贵贱夭寿的相面之术。

480. 大乘佛教是指能运载无量众生到达菩提涅槃之彼岸，成就佛果。

481. 南传佛教是指印度半岛、东南亚西南少数民族所信奉的佛教。它是由印度向南传到斯里兰卡并且不断发展形成的佛教派系。在教义上，南传佛教传承部派佛教中上座部佛教的系统，因此他们自称为"上座部佛教"。

482. 佛教的基本教义有"五蕴""四谛""因果业报""十二因缘"等。

483. 中国佛教有性、相、台、贤、禅、净、律、密八大宗派。

484. 道场是指供佛祭祀或修行学道的处所。

485. 涅槃是指正觉的境界，在此境界，贪、嗔、痴与以经验为根据的我亦已灭尽，达到寂静、安稳和常在。

486. "佛"是佛教修行之最高果位，是一个对宇宙人生彻底明白的人，真正圆满觉悟的人。

487. 长老指德长年老之谓。

488. 佛寺住持的居处称为方丈。

489. 中国古代的国立大学称为太学。

490. 中国古代隋朝以后的中央官学，为中国古代教育体系中的最高学府，称为国子监。

491. 问鼎指夺取政权，也指在某方面取胜。

492. 五音：古代音律，指宫、商、角、徵、羽，如按音高排序，即为1、2、3、5、6。

493. 五行：金、木、水、火、土。五金：金、银、铜、铁、锡。

494. 汉字六书：象形、指事、形声、会意、转注、假借。

495. 书法九势：落笔、转笔、藏锋、藏头、护尾、疾势、掠笔、涩势、横鳞、竖勒。

496. 岁寒三友：松、竹、梅。

497. 四大民间传说：《牛郎织女》《孟姜女》《梁山伯与祝英台》《白蛇与许仙》。

498. 四大文化遗产：明清档案、殷墟甲骨、居延汉简、敦煌经卷。

499. 古典四大名剧：王实甫《西厢记》、汤显祖《牡丹亭》、孔尚任《桃花扇》、洪昇《长生殿》。

500. 四大名瓷窑：河北的磁州窑、浙江的龙泉窑、江西的景德镇窑、福建的德化窑。

501. 京剧四大名旦：梅兰芳、程砚秋、尚小云、荀慧生。

502. 九族：玄孙、曾孙、孙、子、身、父、祖父、曾祖父、高祖父。

503. 五谷：稻、黍、稷、麦、菽。

504. 八大菜系：四川菜、湖南菜、山东菜、江苏菜、浙江菜、广东菜、福建菜、安徽菜。

505. 四大名花：牡丹（山东菏泽）、水仙（福建漳州）、菊花（浙江杭州）、山茶（云南昆明）。

506. 十大名茶：西湖龙井（杭州）、碧螺春（苏州）、信阳毛尖（信阳）、君山银针（岳阳）、六安瓜片（六安）、黄山毛峰（黄山）、祁门红茶（祁门）、都匀毛尖（都匀）、铁观音（安溪）、武夷岩茶（武夷山）。

507. 四大美女：西施、昭君、貂蝉、贵妃。

508. 四大发明：指南针、造纸术、火药、印刷术。

509. 五大名玉：新疆和田玉、陕西蓝田玉、河南独山玉、甘肃祁连玉、辽宁岫岩玉。

510. 十恶：谋反、谋大逆、谋叛、谋恶逆、不道、大不敬、不孝、不睦、不义、内乱。

511. 四大名亭：醉翁亭（安徽滁州）、陶然亭（北京）、爱晚亭（湖南长沙）、湖心亭（浙江杭州）。

512. 四大古镇：景德镇（江西）、佛山镇（广东）、汉口镇（湖北）、朱仙镇（河南）。

513. 四大名塔：嵩岳寺塔（河南登封）、飞虹塔（山西洪洞）、释迦塔（山西应县）、千寻塔（云南大理）。

514. 四大石窟：莫高窟（甘肃敦煌）、云冈石窟（山西大同）、龙门石窟（河南洛阳）、麦积山石窟（甘肃天水）。

515. 八仙：铁拐李、汉钟离、张果老、吕洞宾、何仙姑、蓝采和、韩湘子、曹国舅。